バカに見える人の習慣

樋口裕一

青春新書
INTELLIGENCE

プロローグ　その人の知性を損ねている「バカの素《もと》」は何か

世の中には愚かな言動があふれている。

あっけにとられるようなことをしているのに、当人はいたって涼しい顔をして、それがいかに愚かか気づいていない。周囲の人の信頼を著《いちじる》しく失っているのに、そんなことはおかまいなく、愚かな言動を習慣にしてたびたび愚かさを人々に見せている。もっとはっきり言えば、まさしくバカに見えている。そんな人が大勢いる。

自分のことを棚に上げる上司、勝手な解釈をして、上司の指示を的外れに受け取ってしまう部下、なんでも勝ち負けで考える親、下手な自慢をする年配者などなど。最近、若者に限らず、年配者、高齢者にいたるまで、愚かな行動をとる人がとみに増えているように思われる。

では、そのような愚かな行動をとらないようにするためには、どうすればよいか。

言うまでもなく、まずは自分の愚かな行動、愚かな習慣に気づくことだ。自分の愚かな言動を客観的に見て、それがいかに愚かであるか痛感する。こうすることによって、人は愚かな言動から逃れることができ、愚かな習慣を克服できる。

本書は、近ごろ目立つバカに見える言動を観察し、なぜその行動が愚かに見えるのか、なぜそのような行動をとるのか、すなわち、その行動のバカの素《もと》は何なのかを考察したものだ。

まずは多くの人にこのような愚かな言動の実態を認識していただきたい。そして、わが身を振り返っていただきたい。もしかすると、本書の内容をわがことのように感じられる方もおられるだろう。身に覚えのある人はこっそりと自分の言動を改めていただきたい。身近に本書のような言動をとる人がいたら、本書をそっと貸し与えるなり、それとなく注意したりしていただきたい。

本書をそのような知的習慣をつけるための契機として使ってもらえれば、著者として、これほどうれしいことはない。

樋口　裕一

バカに見える人の習慣――目次

プロローグ　その人の知性を損ねている「バカの素《もと》」は何か……3

第1章　「自分を大きく見せる」ほど小さく見える

1　「自分アピール」バカ……15
2　人に聞かせるように独り言を言うバカ……19
3　自分の経験をドラマ仕立てにするバカ……22
4　自意識過剰バカ……26
5　不平不満バカ……28
6　犯罪めいたことを自慢するバカ……31
7　過剰に反応するバカ……34
8　言い訳バカ……38

9 ウソをつくバカ……41

第2章 こんな「上から目線」を賢者はやらない

10 批評家気取りでものを言うバカ……47
11 判定バカ……50
12 自分が見えないバカ……53
13 自己チューバカ……56
14 自分が発見したかのように語るバカ……60
15 教えたがりバカ……63
16 水を差すバカ……66
17 話にトゲがあるバカ……69
18 相手の発言を織り込み済みにするバカ……72
19 他人のミスを攻撃するバカ……75

第3章　人の話を勝手に解釈するのはなぜ？

20　なんでも非難と受け取るバカ……81
21　拡大解釈バカ……84
22　相づちを打たないバカ……87
23　単純バカ……90
24　早合点バカ……93
25　字義通りバカ……97
26　情報をうのみにするバカ……100

第4章　「考える力」のない困った人たち

27　自分の体験を普遍化するバカ……105

28 好き嫌いで判断するバカ……108
29 対症療法しか考えないバカ……111
30 わかりきったことを熱を込めて語るバカ……114
31 人を「見る目」に自信があるバカ……117
32 行き当たりばったりバカ……121
33 話がずれていくバカ……125
34 みんな知っていることを長々と説明するバカ……129
35 ロンド形式バカ……132
36 二極化思考バカ……135

第5章 「誰にでもいい顔をする」と残念なことになる

37 引っ込み思案バカ……141
38 断れないバカ……144

39 「なんか気がする」バカ……146
40 リップサービスしてしまうバカ……149

第6章 まわりの人があきれる「幼稚な思考」

41 先延ばしバカ……155
42 言いたいことが言えないバカ……158
43 真正直バカ……161
44 リスクを考えないバカ……164
45 優先順位を無視するバカ……167
46 社会をナメたバカ……170

第7章 頭は悪くないのに「教養」がない人

47 話題が低レベルなバカ……175
48 何でもテレビの話に持ち込むバカ……178
49 ゲーム感覚バカ……181
50 ゴシップで物事を考えるバカ……184
51 部下や後輩をいじるバカ……187

第8章 独断と偏見をつくる非・知的習慣

52 思い込みバカ……193
53 正義の味方バカ……196
54 昔はよかったバカ……199

55 くよくよバカ……202
56 人柄で判断するバカ……205
57 家にいるつもりバカ……208
58 完璧主義バカ……211
59 身びいきバカ……214
60 好奇心を持たないバカ……217
おわりに……220

第1章

「自分を大きく見せる」ほど小さく見える

人間は周囲に認められ、自信を持ってこそ、社会の中で自分らしく生きていける。他者が認めてくれてこそ、自分を自分だと感じられる。だから、人は誰もが他者の目を求めている。他者から認められたいと思っている。

ところが、残念ながら周囲の人はなかなか認めてくれない。ほめてくれることも少ない。それどころか、時には存在していることさえも忘れられているかのように扱われる。

そのようなとき、きちんと仕事をし、的確な対応をすることで存在感を示すのが望ましいが、なかなかそのような仕事をすることも、価値を認めてもらえるような言葉を発するのも難しい。

そこで、つい自分の存在を示そうとして、行きすぎたり、やり方が下手だったりしてしまう。認めてほしい、自分の存在を叫びたいという気持ちが外にありありと現れる。こうして、自分の存在を主張して、愚かなふるまいを示すことになってしまう。

1 「自分アピール」バカ

不健康自慢、忙しい自慢、過去のやんちゃ自慢は、なぜ嫌われるのか

自慢そのものは決して悪いことではない。

日本社会では、長い間、自慢はよくないこととされてきた。謙虚におとなしくしているのが美しいことであって、出しゃばらず、自己主張せず、自分の長所についても誰かがわかってくれるのをじっと待つべきであって、自分からアピールするなどもってのほかと思われてきた。

だが、残念ながら時代が変わった。アピールしなければ、誰も認めてくれない。能力があることを示さないと、仕事を与えられない。

自慢というのもアピールの一つだ。上手にアピールし、自分の実力をわかってもらってこそ、正当に評価してもらえる。

ところが、下手な自慢をする人が多い。相手が飽き飽きしているのに、自分が成功した話を長々としたり、評価されていることを繰り返し説明したり。その中でも、単に「嫌な

奴」というだけでなく、バカさをにじませるのが下手な**マイナス自慢**をする人間だ。

話のきっかけとして軽くするのはまあいいだろう。気の利いた話題にすることはできる。しかし、ずっとそれを続けられると、聞いているほうとしてはたまらなくなる。

「私はほかの人と違ったところがある。アピールするところがある」という思いが、マイナス自慢につながる。ある種、ゆがんだ自己愛とでもいうか、周囲にもそれが伝わる。これも一つの自己顕示にほかならない。だから、マイナス自慢を繰り返す人は愚かに見える。

誰もがついしてしまうのが**忙しさ自慢**だ。「寝る間もないんですよ」「一週間で三回目の出張ですよ」「デスクの上には半年でも終わらないほどの仕事がたまってますよ」などなど。

本人に自慢する気はないことも多いだろう。あまりの忙しさに頭を抱えている。いかに大変かをほかの人にもわかってほしい、ねぎらいの声をかけてほしい。そんな気持ちから口にする。しかし、それは言葉を換えれば、「私は忙しくしているほど活躍しているんだ」「それほど引っぱりだこなんだ」という自慢にほかならない。

いや、たとえはっきりと意識していなくても、忙しくしていることを誇らしく思っているのは間違いない。これは、特に忙しくしたくてもできない人に対しては強烈な嫌みになる。配慮不足であるばかりに、悪気がないのに愚かな自慢になってしまう典型だ。

ある年齢以上の人になると、**病気自慢**が増えてくる。

「医者に診てもらったら、こんな生活してたら、いつお迎えが来てもおかしくないって言われたよ」などという言葉を高齢者はしばしば語っている。

「こないだなんて、もうおしまいかと思ったんだけど、なんとか持ちこたえて、一か月入院して、やっと出てきたよ」などとさりげなく言う。重い病気をさりげなく言うのがこのタイプの自慢の大きな特徴だ。競争意識が交じり、自分の病気のほうがいかに重篤か、いかに自分が苦しんでいるのか、いかに多くの薬を飲み続けているのかを張り合おうとする。自分よりももっと重病の人がいたら、プライドを傷つけられた気分になるのだろう。

年齢を問わず、いかに自分があわて者であるか、どれほど大きな失敗をしたかを自慢することもある。「いつものようにかばんを持って出たら、そのかばんは課長のでさあ」などと言って、物語仕立てにして、失敗談を語ろうとする。

自分の不潔自慢、部屋の汚さ自慢もしばしば行われる。「俺なんてそんなもんじゃないぞ。もう四日も風呂に入っていないからな」などということを楽しそうに話す。周囲の人間は嫌な顔をしたり、ため息をついたりするのを、ある種の賞賛と受け止めて、いい気になって話をする。

安さ自慢、貧乏自慢もしばしば行われる。自分の身につけているものがいかに安物か、どれほど日々のお金に困って苦しい生活をしているのか……といった自慢だ。

昔のやんちゃを自慢する人も多いが、これもマイナス自慢の一種だろう。同じタイプの人間が何人か集まると、どれほど悪いことをしたか、どれほど札付きだったかを競い合う。

初めのうちはおもしろがって聞いていた人たちも、エスカレートするにしたがって悪質な行為があまりに反社会的、反人道的なためにだんだんと恐ろしくなってくることがある。

もっと始末に負えないのが、マイナス自慢のふりをしながら、嫌みな自慢をすることだ。それも臆面もなく始める。

「俺、大失敗したことがあってさあ」などと言い出し、結局は、「五億の損を出して、部長に叱られたよ。まあ、そのあと、それ以上は取り返したけどさあ」などと、いかに自分が大きな金額を動かせるかを自慢しているだけのこともある。

「うちの息子は、モテなくて困るのよ。国立大の医学部なんかに通ってると、周りに女の子って、あまりいないのよね」などと感じの悪い母親が自慢するのもこのタイプだ。

嫌みだと自覚して、嫌がらせとして言っているのならまだましだ。本当に謙虚なつもりなら、相手にとってはバカにされたように感じるので注意したい。

2 人に聞かせるように独り言を言うバカ

周囲に相手にされていないから、注目を集めようとする

独り言を言う人がいる。

「あ、しまった！」「ああ、お腹すいたなあ」「めんどくさいなあ」……。

自然に口をついてくる独り言なら、もちろん何ら問題はない。それらは、心のつぶやきであって、ほほえましかったり、おもしろかったりする。

ところが、明らかに人に聞かせたくて独り言を言う人がいる。

それでも、何かの話題を作ろうとして言う独り言ならいい。「暑いなあ」「今日の天気は気持ちがいいなあ」というような独り言なら、それを聞いた人も素直に対応できるだろう。

ネットニュースを見ながら、「おやおや、すごいことになってるねえ」と独り言を言うのも、もちろん悪くない。まさしくそれは、上手なコミュニケーションのきっかけ作りといえるだろう。それを聞いた人は、必要に応じて何らかの対応をすればいいし、忙しいときには、そのままにしておいてもいいだろう。

ところが、そうでない独り言が多い。

「あらあら、また失敗してらあ」

部下の作った書類を見ながら、このような独り言を言ったりする。

相手に直接言うのははばかられるので、独り言のふりをして口にして、相手に「何か、私の仕事に問題がありましたか」と言わせようとしているのだろう。

これはきちんと相手に意見を言えないという面で卑怯《ひきょう》な手段と言わざるを得ない。このように言われたら、正面から批判されるよりもずっと怒りを覚えるだろう。もし、他人を叱りたかったら、独り言という形でなく、きちんと対応するのが礼儀というものだ。

そこに失敗をした部下だけでなく、ほかの社員がいたら、それこそ、部下の面目は丸つぶれになることもある。

「最近の若者は、仕事が雑な人が多いなあ」などと、大声で言う人もいる。もちろん、近くにいる誰かへのあてこすりだ。これも、あてこすられた人間はかなり気分が悪くなる。それればかりか、信頼しようという気持ちを失う。

そうなることがわからないで、あるいは甘く見て言っている点で、愚かと言えるだろう。

こんな人に限って、ちょっと強い態度で、「え、私の仕事がよくないとおっしゃるんですか」と正面切って尋ねると、語気をぼかしてしまうことが多い。

独り言を言うタイプの中で最も多いのは、周囲に相手にされないので、誰にともなく、独り言の形で自分の意見を言う人だ。

「このままでいいのかねえ……」「いやあ、凄いことになったもんだ」

このようなことを言われたら、そばにいる人間は無視するわけにもいかない。とりわけ、目下の人間であれば、「何かあったんですか」と尋ねざるを得ない。

もっとうんざりなのが、独り言にわざわざ反応してあげたのに、相手が自慢話を始めたときだ。

「困ったなあ」という独り言が、実は娘が難関大学にいくつも合格したために、どこに行けばよいのか迷っているという自慢だったりする。せっかく聞いてあげたのに、自慢が始まったのでは、こちらとしては騙されたような気になるものだ。

これが続くと、周囲は、その人の独り言に警戒するようになる。その人が独り言を言っても、めったなことでは取り合わなくなる。そして、バカな人間というレッテルを貼る。

3

自分の経験をドラマ仕立てにするバカ

結局、話がおもしろいかどうかで評価は決まる

自分の人生にストーリーを作りたがるのも、時によっては愚かに見える。「あの一言で人生が変わった」「あの時の経験で、それまでとまったく考えが変わった」などなど。そんな話を職場や飲み会の席でする。

友人の一言、恩師や上司の一言で、それまでの自分を反省し、それまで怠惰で無気力だった自分が優秀な社員に生まれ変わったり、何らかの活動に精を出すようになった話になる。

話しようによっては、愚かどころか、話し上手ということになる。事実、そのような人はたくさんいる。だが、現実には、愚かとみなされることが多い。それにはいくつか理由がある。

第一に、**ほとんどの場合、話がおもしろくない**ことだ。

話が大雑把すぎて、細かいニュアンスが伝わらないことが最も多い。

物語るためには、仕掛けが必要だ。起承転結をつけ、手際よく話の前提となる事柄を前もって説明しておいてこそ、話はおもしろくなる。

ところが、そのようなことにはおかまいなしに、聞いている人も自分と同じように物事を知っているかのように物語り始める。聞いているほうとしては、語り手が何かをしたとして、それがどういう意味を持つのか、人の名前が出てきても、それがどのようなキャラクターの人物なのかもわからないので、どう判断したらいいのか途方に暮れる。そうこうするうち、大まかな話だけしか伝わらず、結局何が言いたかったのかわからない。

かといって、あまりに細かすぎても話が見えなくなる。登場人物のキャラクターやその時の状況を細かく説明しているうちに、聞いている人間は人物の関係や出来事の前後などがわからなくなって、話の大まかな流れを読めなくなってしまう。

いずれも、話がつまらない点では一致する。聞き手の興味を引きつけて話をするにはかなりの技術が必要なことを認識するべきだ。

この種の話をする人間が愚かに思われる第二の理由、それは、これがどうしても**誇張が加わる**ことだ。

もちろん、話している本人はウソをつくつもりはないのだろう。だが、聞いている人間にウケるように話をすると、どうしても大げさになってしまう。「客がたくさん来た」と語ろうとして、事実は一〇人程度だったとしても、聞いている人がそれでは驚かないと判断すると、「三〇人来た」などとつい言ってしまう。

とりわけ、話し好きの人は、盛り上げるために伏線を張ろうとする。単に成功したという話をするだけでなく、ドラマに不可欠な敵の存在をつくって、「みんな不成功は間違いないと思っていた」などと脚色する。

話をおもしろくしようとして、「成功するはずがないとみんなが思っていたんで、別の準備を進めていたんだよ。そこを無理言って、三日間の猶予をもらって、必死にやったんだけど、最後の日になってやっと……」などとドラマのようなサスペンスをもたらそうとする。しかも、それが誇張がありありでリアリティがなく、聞いているほうはしらけてしまうことが多い。

こうして何度か話をするうち、注意深く聞くと、二度めと三度めの話が少し違っていたり、新たな要素が加わったりする。だんだんと誇張が大きくなり、ウソが混じってくるわけだ。

愚かに見える三つめの理由、それはこのような話の場合、どうしても**同じ話を繰り返す**

ことになりがちなことだ。

たとえウソは混じっていないにしても、同じ話を三回、四回、場合によっては一〇回、二〇回と聞かされるとたまらない。たとえ話の上手な人であってもうんざりしてくる。しかし、だからといって、「俺の人生を変えたのは、あの一言だった」という話がいくつもあったのでは、ますます聞いている人の信頼が失われる。

4

自意識過剰バカ

できる人は、必要以上に自分をよく見せようとしない

外見を気にかけ、まるで常に人に見られているかのような行動をとる人がいる。

会社内を歩くときも、周囲の人の注目を集めているかのように格好をつける。同僚に呼び止められたりすると、まるで映画の中の主人公のようにハッと気づいたそぶりを見せる。身振り大きく、しゃなりしゃなりと歩く。人と話をする時も、自然に話すのではなく、まるで役者のように格好をつける。少なくとも、本人はそこだけスポットライトが当たっているかのように感じているらしい。

本当に注目に値する容姿であれば、それなりにサマになるだろう。それに、人間たるもの、外見を意識することが必要だ。おしゃれを忘れ、自分を飾ることを忘れたら、人間として魅力がなくなる。それればかりか生きる気力も失われる。

このタイプの人は、どのように見られているのかが常に気になる。人と話しているときも、自分の表情を意識している。時々こわばった笑顔を見せることがある。おそらく、自

分にとってのベストスマイルを意識してつくっているのだろう。
駅の鏡やショーウィンドー、時には電車の窓ガラスを探し求め、そのたびに映った自分の姿を見て、服装や顔の表情、化粧具合を点検することも多い。ちらと点検するだけでなく、鏡の前で表情をつくり、とっておきの自分の顔を見せる。

自分が「その他大勢」のうちの一人であることが我慢できない。注目を集める中心人物のつもりでいる。少なくとも自分の世界ではそのような人物を演じている。

このタイプの人が初めておしゃれな街を訪れたとする。初めてのことなので右も左もわからない。駅や空港でも右往左往し、街に出てからも途方に暮れる。そして、もちろんしばしば道に迷う。そんなとき、誰も見ている人はいないのに、誰かにずっと見られているような態度をとる。道に迷ってうろうろしているのに、まるで意識的にそちらを歩いているようなふりを装う。誰も見ていないので、そんなことをしても何も意味はないのに、そのようにする。時には、道を間違えたのに、間違えたわけではないふりをして、そのまま歩き続けることもある。

意識過剰な態度はいやでも目につくものだ。周囲の人は間違いなく、そのような態度に気づいている。

5 不平不満バカ

裏を返せば、「自分はこんなところにいるべき人間ではない」という自己主張

世の中には満足できることなどあるはずがない。幸せな気持ちになったとしても、それは一時期のことでしかありえない。なぜなら幸せが日常化すると、今度はその幸せな状態が通常になって、それを幸せに思わなくなる。もっと幸せでないと幸せを感じられない。だが、次々と幸せ度を増すことなど不可能なので、新たな不満が募る。つまり、人間は常に不満を持つようにつくられている。

それに、完全なものを思い浮かべ、その理想に対してのマイナスを強く意識して不満を持つからこそ、人間は理想を追い求め、進歩を続けてきた。不満を持つからこそ、努力をしてきた。不満こそが人間の人間たる要素だ。

不平不満を口にする人は、ストレス解消を行っているのだろう。いやいやながら実行するとストレスがたまる。だから、それを口にする。

「ああ、いやだいやだ」と口にすることによってはけ口ができる。「うちの会社、ひどい

よなあ。俺をこんな目に遭わせるんだ」と口に出すことで同僚と傷口をなめ合える。集団でストレス解消ができる。そもそも昭和の人々が会社帰りに飲み屋に寄ったのも、そのような愚痴を言い合ってストレス解消をするためだった。

しかし、そうであればあるだけ、周囲の人を不愉快にさせる。たまたま同じように感じている人が数人集まって不満を言い合うのであれば、愉快な気分になるかもしれないが、同じように思っていない人が交じっていると、空気が悪くなる。

周囲の人々は他人の不平不満を聞くと、どうしても士気が下がる。言っている本人はストレス解消になっているのだろうが、その分、周囲の人にストレスがたまる。せっかくほかの人は心の底に不平を感じていても、それを考えないようにして意欲を高めていたのだ。それなのに、それを口にされると、せっかく食い止めていた不満が噴出してくる。

それに、不平不満を語る人は、その不満を行動に移さない。それが周囲の人間には不甲《ふ》斐《が》《い》なく見える。そもそも行動に移す気がないからこそ、不平不満を語ろうとする。あまりに非生産的であって、何も意味がない。マイナスの自己満足でしかない。

行動に移す気のないマイナス思考は聞いて気持ちの良いものではない。「だったら、もうやめたらどうなの」「不満があるんなら、堂々と正式の場でしっかりと議論して、改革のために行動したらどうなんだ」と言いたくなってくる。

不平不満を口にして、周囲を不愉快にさせる行為自体、きわめて愚かといえるだろうが、これらの人が愚かなのは、そのためだけではない。このタイプの人は、自分の愚かさをさらけ出している。


不平や不満というのは、基本的に自分の境遇、自分のしている事柄について納得がいかない、理想からほど遠いという気持ちの表れだ。

言い換えれば、**自分はこの境遇にはふさわしくない、自分はもっと恵まれた状況にいるべき人間なのだという主張でもある。**


つまり、不平不満は裏返しの自己主張でしかない。

卑劣な陰口という形で「本当は、私はこんな立場にいるべき人間ではない。もっとよい地位を与えてほしい」という叫びにほかならない。不平不満には、そのような陰《いん》にこもった必死さがある。そのような必死な欲望を表に出して語っていることが滑稽なのだ。

6 犯罪めいたことを自慢するバカ

身勝手なクレームには知性のカケラもない理由

世の中を生きていく上で、抜け目がないに越したことはない。細かいことは気にしないで鷹揚《おうよう》に構えてぼんやり生きていくのと、常にあらゆることに注意を払って抜け目なく生きていくのとでは人生のうえで大きな差がつく。

もちろん、それは生き方の問題なので、他人がどうこう言うべきことではないが、得か損かという点で考えると、言うまでもなく、抜け目なく生きるほうが得に決まっている。

だが、そうはいっても、あまりに抜け目がなく、しかも、自分が抜け目のない人間であることを吹聴するとなると、考えものだ。

抜け目のない人は、**損をしたことを何よりも嫌う。**自分は目ざとい人間であり、一銭たりとも損をしないことにプライドを持っている。それを周囲にも吹聴している。得をするチャンスがあったのに、それを逸したとなると、人生の恥だと思い込む。逆に、チャンスをうまく生かしたら自分の大きな手柄だと思い、それを人生の大きな意義だと思う。

もちろん、それが高級ブランド品をバーゲンで安く手に入れたとか、どこそこの店の店員さんは親切に良い品を探してくれるといった情報を見つけ、それを人に話すのなら、それを自慢しても、特に気を悪くする人はいないだろう。

ところが、それがエスカレートして、お店にクレームをつけて商品を交換させた話、通常なら店員が渋ることを奥の手を使って無理やり通した話を何よりもしたがる人がいる。

「お店のやつらがあんまりくだらないことを言うんで、おまえらじゃわからんから社長を呼べって、一喝してやったんだよ。そしたら、店員はびびっちまって何でも俺の言う通りだよ」などと大声で話をする。

無理難題であれ、不当な要求であれ、何らかの形で相手から妥協を引き出し、自分が得になるようにできたら、それは勝利なのだ。だから、それを多くの人に知ってもらいたがる。

それが正当な行為なら、もちろん堂々と話しても悪くない。ただ、周囲をあきれさせるだけだ。だが、時には悪質なクレームであっても、時には不正行為であっても、このタイプの人は自慢して話す。

たとえば、会社に正規の出張費をもらって、実際には深夜バスを使って後輩の家に泊まって交通費と宿泊費を浮かしたとする。このタイプの人は、それも黙っていられない。

それどころではない。購入した商品に、ふつうでは誰もが気にしないようなほんの少しの汚れを見つけて、激しく抗議して無料にさせ、そのうえ謝罪をさせたことをまるで鬼の首でも取ったように喜んで、周囲に自慢する。これは暴力団員の恐喝行為と何ら変わりはないのだが、このタイプの人はそれには考えが及ばない。

それどころか、海外旅行に行き、実際には損害を受けていないのに、損害を受けたように装って保険金をもらった話をみんなの前で披露したりする。領収書を書き換えて会社からお金を騙し取ったことなども、まるで成功話のようにすることもある。それは立派な詐欺罪なのに、それをまるで自慢話のように話す。

周囲はその犯罪行為にあきれている。それどころか、こんな人とはつき合いたくないと心の底から思っている。誰もその人を手本にして同じようなことをしようなどとは思っていない。だが、当人はそれに気づかない。嬉々として、自分の華々しい武勲を話すかのように、不正を行ったことを口にする。時にはその不正の手口を知人に教えようとさえする。

このタイプの人は、もちろん、根っから悪い人というわけではない。だから、損をしている人を見ると、善意から、得をする方法を教えてあげたくなるのだろう。しかし、それをすればするほど、愚かさを示してしまう。

7

過剰に反応するバカ

大げさに驚いたふり、必要ないのに声をひそめる、かまととアピール…

人の話を聞きながら、異様に大げさな表情をつくる。話し手が悲しい話をすると、聞いている人も今にも泣きそうな表情になる。いかにも関心を持って聞いていることをアピールするかのように、話し手と同じ、あるいはそれ以上に感情移入した表情になる。そんな人がいる。

悲しい話やおもしろい話をしているときなら大げさな表情になって当然だ。ところが、このタイプの人は、話し手がふつうの情報を話しているだけのつもりなのに、異様に驚いたような顔をしたり、悲しげな表情をする。

そのような人の中には感受性が強くて多感な人がいる。ほかの人以上に大きく感情を揺さぶられる。芸術的で豊かな感性を持っているといえるだろう。

このタイプの人は度胸がなく、大げさで、小さなことにすぐにびくびくし、ちょっとしたことに涙を流したりするので、愚かに思われることもあるが、もちろん実際に愚かというわけではない。世慣れず、気弱であって現代社会では生きにくいだろうが、これを愚かとはいえない。

むしろ愚かといえるのは、一つのコミュニケーションの手段として、相手に共感していることを伝えたいと考えて大げさな態度をとっている人だ。

「私は聞いていますよ」「あなたに共感していますよ」「あなたに共感している私に注目してちょうだいね」と言いたくてこのような態度をとる。内容について実際に共感しているわけではない。単に自分が共感していることを声高に示したい。だから、はたから見ると、それは空疎に見える。

テレビのワイドショーやバラエティ番組で、さほどおかしくもないのに大口を開け、手をたたいて笑ったり、残忍な事件や悲惨な事故の話になるといかにも悲しげな表情をするタレントがいる。一般人なのに、それと同じような表情をつくるわけだ。そうやって、見ている人への共感を強調する。タレントは仕事として大げさな表情をつくっているが、一般人はただその場にいる人に訴えかけたくてそうする。

このタイプの中には噂話をするとき、必要もないのに異様に声をひそめる人がいる。近くにいる人の噂話をするのなら、声を小さくする必要があるだろう。だが、近くにいるはずのない人、場合によっては別の都市、別の国にいる人の話題であっても、突然、声を低くして、ひそひそ声になる。個室で話していても、車の中で二人きりで話していても声のトーンをぐっと下げる。盗聴器でも仕掛けられていればともかく、そんな必要はまったくないはずだ。

女性、とりわけ年配の女性にこうする人が多いように思う。

きっと、「これは内緒話なんですよ。あなたにだけ話をしているんですよ」と相手にも意識させ、秘密の共有意識を高めようとしているのだろう。だが、あまりにわざとらしくて、聞き手はげんなりする。

答えのわかっている質問をする人もいるが、これも同じ心理に基づくものだろう。相手の話に興味を持っていること、そして、相手に興味を持ってもらいたいことを不器用に、そして愚かに懇願しているわけだ。

雑談をしているとき、「ねえねえ、これって、……するための道具?」「この人、あのドラマに出ていた人?」などとあまりに基礎的な質問を投げかける。改めて答えるほどでもない内容を口にすると、このタイプの人は「えー、そうなんですか！　知らなかった！」などと大げさに感動してみせる。

時には、もっと基本的な質問をすることもある。

「野球って、九人でするの?」

知らないのかと思って丁寧に教えると、後でその人は何度も野球を見ていて、それなりの知識があったことがわかることもある。「かまとと」という言葉が以前よく使われたが、ものを知らないかわいい子を演じるタイプだ。

ここに挙げたのは、いずれもコミュニケーションを円滑にし、相手の心をひきつけようとするあまり、過剰に行動してしまう例だ。いずれも、あまりにわざとらしく、リアリティがない。

8
言い訳バカ
長々と説明するほど「説得力」をなくす

現代人にとって、言い訳そのものは決して否定するべきものではない。人間は必ず失敗する。人間であるからには失敗するように宿命づけられている。失敗は防ぐことはできない。では失敗したらどうするか。言うまでもなく、上手に言い訳をすることだ。

失敗したとき、どう言い訳するかによって、失敗が二度と立ち上がれないほどの痛手となる場合もある。ともあれ許してもらえることもある。逆に上手に言い訳することによって新たなチャンスを得ることもある。

たとえば、大事な会合に遅刻したとする。そんなとき、「もっと大事な用を済ませていたので遅くなった」、「危険が起こりそうなので、それを食い止めるために必死の努力をしていたために遅れた」、「この日のために万全の準備をしていたために遅れた」などという方向で言い訳をするのが正攻法だ。

ところが、説得力のない言い訳をして、あきれさせる人が多い。

最も多いのは、「寝坊しました」「忘れていました」という言い訳だ。もちろん、そのような言い訳は怠慢や意欲のなさを示すが、一度や二度であれば、特に愚かと言われるわけではない。あまりにありふれた理由であるだけに、特に問題にはされないだろう。だが、それが続くと、愚かな遅刻常習犯という烙印《らくいん》を押されることになる。

中には、もっと愚かな言い訳をする人がいる。

多いのは、長々と言い訳をする人だ。「携帯電話の置き場所がわからなくなって探しているうちに電車一本のがしてしまいました」で済むところを、「昨日の夜、接待でA社の方と飲んだんですが、どうしても先方の申し出を断れなくて、いつもよりたくさん飲んでしまって、帰ったのが遅くて、しかも酔っていたもので……」などと長々と説明してしまう。

言い訳が長いと、たとえ事実であったとしてもウソくさくなってしまって、説得力をなくす。詳しく説明すればするほど意味がなくなる典型的な例だ。

そのほか、その場逃れのありそうもない話をする人もいる。「ひかれそうになったお年寄りを助けていたので、遅くなりました」「外国人が道に迷って困っている様子だったので、案内をしていました」などなど。これについても一度ならそんなこともあるだろうが、二度三度とテレビドラマの中の一シーンのような話をされると、ウソつきの愚か者とみなされることになる。

もっと見苦しいのは、予防線を張るタイプの言い訳だ。

このタイプの人はしばらく前まで威勢のいいことを言っていたのに直前になるとトーンダウンする。難しい仕事の指示をされると、「ほかの仕事がたくさんあって十分に準備する時間が取れませんので、可能かどうかわかりませんが」などと言い出す。

要するに、「もし失敗しても、能力が劣っているわけではありません。たまたまできなかっただけなのです」と言おうとしているわけだ。

これについても、事あるごとにこのタイプの言い訳を使っていると、周囲に愚かさが伝わってしまう。

9

ウソをつくバカ

因果関係を誇張したり、逆にとらえる人には要注意！

常習的にウソをつく人間が世の中にはいるものだ。

「今、アイドルと一緒に飲んでるんだけど、来ないか」と電話で誘われて、つい興味をひかれて行ってみたら、「アイドルはちょうど今、急用で帰ったところだ」と言われ、後にそれが真っ赤なウソで、「ナンパ」の手口だとわかったという話を、とある女性に聞いたことがある。

それほどの真っ赤なウソは多くないにしても、事あるごとにウソをつく人は少なくない。「私は特別のルートを持っているので、ほかの人には無理なことでも、私なら聞いてもらえる」「私が一言言ったので、うまくいった」などなど。

聞かされているほうは、初めのころは信用してしまう。が、何度かつき合っているうち、「怪しいぞ！」と思い始める。そして、そうしたことが繰り返されるにいたって、その人物がウソつきだと確信する。

このタイプの人のウソの典型は誇張法だ。

たとえば、人が何かを言ったときに、「なるほど」と相づちを打ったとする。その提案が後に成功したら、「最初にその提案を聞いたとき、私はそれをぜひ推し進めるように進言した」と誇張して語る。逆に、その提案が失敗したときには、「その提案を聞いたとき、私は大いに疑問を持って反対しようとしたが、相手があまりに積極的なので、何も言えずに引き下がるしかなかった」と断言する。

数百人が参加するパーティに有名人が出席していたら、「有名人と一緒に飲んだ」と言う。有名芸能人が司会するテレビ番組で紹介された団体の一員だったとしても、「芸能人とテレビで共演した」と語る。客が三〇人やってきたら、「三〇〇人来た」と誇張する。複数で行動し、ほかの人物のおかげで成功した場合には、自分のおかげで成功したように言う。

このタイプの人がよく使う、**「みんなが言っている」という表現も誇張法の一つだ。**たった一人どこかで聞きかじったことを「みんなが言っている」と表現し、それが多数派であるかのように表現する。時には、「ある人が言っている」と言って、自分の根拠にする。が、もちろん、そんな「ある人」は存在しないことが多い。

そのほか、関係をひっくり返すタイプのウソも多い。

誰かの不興を買って関係を断絶させられたとき、逆に、「そいつがあんまり失礼なので、もう二度と俺の前に現れないようにきっぱりと言ってやった」などと言う。女性にフラれた場合も、「あんな自分勝手な女は願い下げだ」と強がりを言う。

因果関係を反対にするというテクニックも、このタイプの人はよく用いる。

取引先の会社から連絡があって、仕事を得ることができた。そして、相手の会社の意欲が強いために仕事が成功した。そんな場合、自分が取引先に働きかけて仕事を得て、自分のおかげで成功したように言う。

自分のせいで失敗した場合も、失敗したからこそ、自分がそこに出向いて立て直そうとしたかのようにすり替える。

では、なぜウソつきが愚かなのか。

言うまでもなく、それがすぐにばれてしまうからだ。もし、本当にばれないウソをつけるのなら、それはそれでいいだろう。ばれないウソは、しばらくたつと真実になる。だが、ウソのほとんどはすぐにばれるものだ。

ウソをついてそれがうまくいくと、必ずウソの常習犯になる。そうなると、だんだんとエスカレートしていく。そして、ついにウソがばれて、信用を失う。それはウソつきの必然的な結果なのだ。

ウソの多い人に対して、日本人は「あなたはウソつきだ」と面と向かって言うことはほとんどない。ウソと気づきながらも、黙って胸の内に秘めておく。あるいは陰口をたたく。だが、本人の前では黙っている。「おやおや、また例のホラが始まった」と心の中では思っているが、それを口に出さない。騙されたふりをして、話を合わせておく。その実、心の中ではせせら笑っている。軽蔑し、あきれている。

ところが、愚かなウソつきはそれにも気づかず、自分が人並み外れてウソの才能があると信じて、ありそうもないウソをついているわけだ。

第2章

こんな「上から目線」を賢者はやらない

他人よりも優位に立ちたい気持ちは誰にでもある。だが、多くの人は、それが周囲の人との軋轢《あつれき》を生むことを知ったり、優位に立つこと自体をあきらめたりして、その気持ちを外に見せなくなる。だが、それでも言動のはしばしに「あなたよりも私のほうが上だ」ということをにじませたがる人がいる。

地位が高く経験や知識の豊富な人が、若者に対して優位を示すのは当然のことだろう。それがあまりに極端であれば愚かに見えるが、そうでなければ、地位の低いものは素直に従うしかない。不快な気分を味わうかもしれないが、やむを得ない。

ところが、地位が高いわけでもなく、経験や知識があるわけでもないのに、自分でカン違いして、他者に対して優位を示そうとする人がいる。そのような人は、今もあちこちで、あからさまな「上目線」の態度によって、自分は誰よりも優れた存在だと示そうと、愚かな行動を繰り返している。

10

批評家気取りでものを言うバカ

当事者意識をもって解決策を考えてこそ知は磨かれる

世の中には評論家、批評家と呼ばれる人々がいる。

野球評論家などのスポーツ評論家は、かつて選手だった人物が引退後に評論家になっている。少なくとも長い間、現役の指導者として活動した人がほとんどだ。選手経験も指導者経験もない人が評論家になることはありえない。

ところが、実績があるわけでもなく、しかも引退したわけではない当事者であるのに、まるで評論家のようなもの言いをしたがる人がいる。

社内でプロジェクトに失敗したとする。みんなが頭を抱えて、どう対応するかを検討している。ところが、その中に評論家タイプがいると、まるで自分は当事者でないかのように物事の分析を始める。

「これに失敗した原因は二つあると思う。第一は、社内の合意の欠如だ。第二に……」などと話す。「初めからこれは無理な計画だったのだと思います。なぜなら……」などと、まるですべて見通していたようなことを言う。

もちろん、それはそれで正しいことも多い。このタイプの人間は知的で分析好きなので、内容そのものは間違ってはいない。だから、一度や二度なら、周囲も感心して聞きこそすれ、愚かとは思わない。

だが、それが三度四度と続くと、多くの人がいらだち、知的どころか愚かだと判断するようになる。**当事者意識の欠如**に誰もが気づくからだ。そして、そのように口をきくのが、**仕事の解決策を示そうとするためではなく、自分の頭のよさを示そうとするだけのものだ**ということがわかってくるからだ。

原因の分析も大事だが、急を要するのは、それが拡大するためにどんな手を打つか、それぞれの人物をどのように配置し、どう対応し、誰がどのように行動するか、とりわけ、自分がどうかかわるかなのに、このタイプの人はそうしたことに頭が回らない。自分は関係がないと思っている。

もちろん、地位がかなり上であって、全員を統括する立場であれば、これでもいいだろう。つまり、かつて現役であって、今はそれよりも一つ上の地位に就いたのであれば、それでいいだろう。だが、若手だったり、中堅だったりするのに、このような口をきいてしまう。

このタイプの人はしばしば人物評をする。「彼は田舎から出てきて苦労して今の地位を築いたんだよ。だから、どうしても、こんなとき人情を大事にしたがる。そんなわけで、こんなときには失敗する確率が高いんだな」などと言い出す。

そしてしばしばこのタイプの人は、**「こうなることはわかっていた」「なるべくしてなったんだ」といったふうにまとめる。**

評論家というのは、大体において**結果論を語る**ものだ。野球評論家も、試合が終わり、結果が出た後に、「あのときの投手交代は失敗だった」という。結果が出た後なのだから、監督よりも上の立場で考えることができる。今取り上げているタイプの人もこのような傾向を持ち合わせているわけだ。

周囲の人は、「わかっていたんなら、初めから対応すればよかったのに。それをしないとむしろ無責任ではないか」と思うが、このタイプの人はそうは思わない。むしろ、「初めからわかっていた」などと言うと自分の知性をわかってもらえると思っている。

11 判定バカ

自分が理解できない作品は「駄作」、合わない店は「三流」呼ばわり

前項で評論家的に安全な場にいるつもりで物事を論じる人物を説明した。似たタイプに、自分だけ高みに立って物事を断言するタイプの人がいる。

このタイプの人は、様々なことを**まるでその道の権威であるかのように判定したがる。**文学について特に造詣が深くないのに、小説を読んで「これは駄作だ」と断言する。アマゾンなどのレビューにコメントを寄せては、「この作家としては失敗作だ。次回作に期待する」などと書きこむ。

単にその人に理解できなかっただけだったり、あるいはその人の求めている内容でなかっただけなのに、「この本には意味がない」「読むだけの価値がない」などと断定する。レストラン評などをブログに書いたり、人にしゃべったりするときにも同じような話し方をする。

ふつうなら、**「おいしくなかった」「私の口に合わなかった」という表現を用いるところ**

を、このタイプの人にかかると、「レストランとして三流」「シェフは修業が足りない」などということになる。

スポーツについても同じような口をきく。自分は一度も野球もサッカーもしたことがないのに、「たかが二割五分のバッターのくせに」とか「一〇勝もできないピッチャー」「得点したことなんてほとんどないのに」などという言い方をする。

「メダルもとれないのに、オリンピックなんて行くんじゃないよ」などと、テレビの中の決勝に残れなかった選手に向かって叫んでいたりする。

いや、自分と直接関係のないことについて語るときに、このような表現をするのは、まだいい。日常生活においても、このタイプの人はこのような表現を用いる。

会社に入ったばかりの新人であっても、自分をベテランと同等のレベルだと思っている。その立場から、他者を評価する。

「係長もまだまだだね。このくらいの仕事だったらさっさとできるようでないと、誰からも相手にされなくなるよ」などと言う。さすがに本人に向かっては言わないが、先輩に向かって言ったりする。

少し地位が上がると、今度は幹部の批判を始める。「うちの重役はバカばっかりだから、どうせろくなことにはならないよ」などと言い出す。

このような精神は、日常の場でも外に現れるようになる。自分が高く評価していない人間を前にして、まるで小馬鹿にしたような態度をとってしまう。そして何かを命じられても、「どうですかねえ。そのようなことに何か意味があるんでしょうか」などと言って反抗を示す。

相手が目上であっても、「そんなことをしてると、そのうち敵をつくるばかりですよ」などと言って、アドバイスしようとする。

「この部分、このように修正したら、もう少し良くなると思うんですけどねえ」

「ここ、こうするほうがいいんではないですか」

まるで先輩が後輩に教えるような口調で進言する。時には、まるで先輩が後輩にするように、上司を励ますようなことも言う。

「いやあ、よくできるようになりましたねえ。前回はいろいろと問題点がありましたけど、今度は完璧ですね」などと言って、相手は喜ぶと思っている。

12

自分が見えないバカ

カン違い人間は、なぜ〝上から目線〟なのか

かなり厚かましくて出しゃばりな人間が、「俺、気が弱いほうだから……」などと、その人とは正反対のイメージを示すことがある。周囲からどう思われているのかを承知の上で冗談のつもりで語っていることが多いが、時に本気で言っていることがある。

「俺、正義感が強いだろ。だから言ったんだよ」「私、上に対してははっきり言う人間ですので、部長に対しても自分の考えを言わせてもらったんです」などと語る。が、それを耳にする人間からすると、その人は少しも正義感が強くなく、むしろ悪に流されるほうであったり、上にめっぽう弱くて誰よりも上司におべっかを使う人間であったりする。周囲のみんなが心の底で苦笑いをしているのに、本人は気づかない。

そのタイプの人が別の人を非難するとき、それはまるで自分を非難しているように聞こえることがある。

「あいつ、言うことがめちゃくちゃだよな。ものを知らないし、非常識だし」と言ってい

る本人が誰よりも無知で非常識だったりする。周囲の人間は、「おまえがそんなことを言えるのか？」とあきれて聞いている。

いや、それが正義感の有無やおべっかをするかしないか、非常識かどうかというような、目に見えない心理であれば、自分を誤解するのもわからないでもない。中には、「遅刻が多い」など目に見えることでも自分を誤解していることがある。「おまえは遅刻も多く、欠席も多い」と言って部下を叱っている本人が誰よりも遅刻・欠席の常習者だったりする。

直接の知り合いではないが、このタイプの人を知っている。

その人は演奏会でのマナーに関して、他人については「咳をする。身動きする。貧相な服装で演奏会に来る」などと言って厳しく弾劾する。ところが、当の本人は、演奏中に飴玉を出して包み紙の音をたて、演奏中にパンフレットを取りだして読んではこれまた紙をめくる音を立て、演奏が終わった途端、多くの人が余韻を味わおうとしているときに大声でブラヴォーを叫ぶ。

もっとはなはだしいのが、いわゆる「カン違い男」「カン違い女」だ。自分をまるでテレビの中の美男美女のように思いこんで異性をあしらおうとする。相手は少しも関心を寄せていないのに、自分が声をかければ相手をすぐにも誘惑できるかのように考える。

それどころか、「それくらいの収入で私を相手にできるなんて思っているのかしら」などと言って自分が相手にとって手の届かぬ存在だとでも言いたげな様子を見せる。

なぜそんなことが起こるのか。これこそ人間の性《さが》というべきか、恐ろしいことに、人はそれほど自分を理解できないということなのだ。

自分が見えすぎるのも、もちろん困ったものだ。人間は、自分のことは棚に上げるという態度が必要だ。自分のことを棚に上げてこそ、他人を非難できる。自分はどうだろう、どう思われているだろう、本当に人を非難する資格はあるだろうか……などと誠実になって考えると、他人に何も言えなくなる。そればかりか、堂々と世の中を渡って行けなくなる。だから、ある程度は自分に目をつむる必要があるが、限度というものがある。

おそらく、自分という存在は、他人を批判はできるが、他人から批判されるはずのない絶対的な存在なのだろう。いわば太陽のようなものといえるだろう。様々な事象を照らし出すが、太陽そのものは、見ようとすると目がくらんで見ることができない。このタイプの人の「自分」というのはそのような存在なのだろう。

だから、このような人に対して、何を言っても、自分が完璧だと信じているので、まったく受け付けない。周囲から、孤立することになるのだ。

13 自己チューバカ

その言動の裏に「もっと私を尊敬しろ」という自己中心的思考が隠れている

自分の発案以外はすべてつぶそうとする人がいる。

社内のチームで行っている活動であっても、自分が発案したことであれば、熱心に仕事に取り組む。ところが、ほかの人の発案であったり、外部から手伝うように指示された事案だったりすると、まったく意欲を見せず、いやいややらされている感を表ににじませる。

その人が誰もが認める実力者であれば、周囲もやむを得ないと考えるだろう。ほかの人で歯が立たないのなら、その人のわがままな態度も認めるしかない。だが、そうでなかったら、単なる愚か者として扱われる。

このタイプの人はチームで仕事をしていても、自分のことを第一に考える。そして、**自分抜きに事が運んだりすると、機嫌が悪くなる。**

部下が独断で事を進めたりしたら、大変なことになる。周囲を呼びつけて、しつこく事の経緯を問いただしたりする。時には、部下を激しく叱る。

「それは筋違いだ」「君がそれをすると問題が起こることくらいわかっているだろう」などとあれこれの言い方をするが、要するに、「それは本来、私を通すべきことだ。私抜きで勝手なことをするな」、「おい、おまえ、自分を何様だと思ってるんだ。俺のことをコケにする気か」、**「もっと私を尊重しろ」と言いたい**だけのことなのだ。

とりわけ、自分抜きに仕事が行われて、それが成功した場合、一層の憤りを覚えるらしい。これらの人にとって、会社のため、組織のためにうまくいったかどうかが問題なのではない。自分がどれほど尊重されたか、成功に自分が参画したことをどれほど認めてもらえたかが最大の関心事なのだ。

このタイプの人は、基本的に**他人をほめることはめったにない**。「よくやった」「みどころがある」というくらいのほめ方はするだろうが、「あいつは素晴らしい」「あいつは能力がある」とは言わない。

上目線で自分よりも能力の劣るものをほめるだけで、自分よりも能力が上かもしれないものに対しては、むしろ敵意を感じる。素晴らしいのは自分だけ、最も能力があるのは自分だと思っている。

だから、他人がほめられていると顔色を変える。時には、その人をけなしたりする。「いやあ、奴はそれほどのたまじゃないよ」「あいつの弱点は……だよ」などと言い出す。これも要するに、**「俺のほうが上だ」と言いたい**だけのことなのだ。その人の部下をほめ、つまりはその上司である本人をほめることにもつながるはずなのに、その人はそう は思わない。誰に対してもライバル意識を持ち、常に自分がトップとして立てられなければ気が済まない。

周囲の人が何か良いアイデアを出すとする。するとこのタイプの人はあれこれとクレームをつける。あそこが不足だ、あそこがよくないと言い出す。そして、そうこうするうちそのアイデアは骨抜きにされ、いつの間にかその人のアイデアにされてしまっている。成功したら、その人の功績にされてしまっている。

一度や二度であれば、周囲の人は気づかない。だが、このタイプの人に常習性が強い。このような行動をとる人は、常にそのような行動をとる。そして、それを続けるうちに、周囲の人間にこの自分勝手な傾向がばれてしまう。

それでも初めのうちは、「できるけれど、自分勝手な人」という評価だろう。しかし、やがて馬脚が現れ、自分のことばかり考えてチームを軽視する人、むしろチームをかく乱する人とみなされ、愚か者とみなされることになる。

「知ったかぶり」をすることが多いのもこのタイプの人の特徴だ。自分が一番だと思っている。すると、弱点を見せたくない。できるだけ自分の失敗は隠し、弱いところは見せないようにする。知らないことがあると、それは大きな弱点だとこのタイプの人はとらえるらしい。

知らないことがあっても知っているふりをする。わからない言葉を相手が使うと、わかっているふりをする。時には誰にも悟られないようにスマホでその言葉をこっそり調べ、次の回には、ずっと前から知っていたような顔をして、その用語を用いる。

14 自分が発見したかのように語るバカ

悪気なく手柄を横取りする上司の〝愚かポイント〟とは

何人かがワイワイと話をしている。すると誰かが何かのアイデアを出す。それについてほかの人が意見を言う。おおむね賛成意見が全体を占める。とそのとき、それまで黙って聞いていた人物が、まるで今、思いついたように、数分前に別の人が言ったアイデアを口にすることがある。

「ふと思いついたんだけど、こんなのはどうかなあ」

それが先程、別の人が語ったアイデアとそっくり同じなので、その場にいる人たちは、あっけにとられるが、それを言ったのが目上であると、「それって、今A君が言ったことじゃないですか」とは言えない。そして、そのままそれはその人のアイデアだということになって、事が進んでいく。

これが世間話ならいいが、会議の席でそのようなことが起こると、そうも言っていられない。

しかも、そうしたやりとりが連続した出来事ではないこともある。前の会議に若手社員が話したことを、次の会議には課長が自分の案として提出して話が進んでいたりする。

このような場面が多くの組織でしばしば展開されているに違いない。

上司に悪気がないこともあるだろう。上司は本当に部下の意見を聞いていなかったのかもしれない。そして、突然、部下と同じアイデアを思いついたのかもしれない。あるいは、部下の意見を聞いたものの、その後、自分なりに考えているうちに、それが部下の意見だったことを忘れて、つい自分で初めから考えた気になって、自分の意見として語っているのかもしれない。部下の意見を盗むつもりはなかったとも考えられる。ただ、ちょっとしたヒントをもらっただけだというのが本人の言い分なのだろう。

だが、人の話を聞いていないのも、人の話を聞いて忘れてしまうのも十分に愚かだ。

しかし、もっと悪質なのが、これを意識的に、悪気を持って行う場合だ。そんな上司も世の中にはいるものだ。

部下の意見のうち、よい意見はすべて自分の意見とみなしてしまう。成果は横取りし、初めにアイデアを出した部下は少しも顧みられない。おそらく、アイデアを盗んだ本人も、自分の意見として口にした途端に、先にそのアイデアを出した部下のことは忘れてしまうのだろう。本当に自分のアイデアだと思い込んで、後ろめたさを覚えている様子を見せない。

そして、「このアイデアは私が思いついたんだ」と吹聴する。とりわけ悪質な人になると、そこにストーリーが入って、「風呂に入って考えているうちに、ふと思いついた」などという尾ひれがつくことになる。そして、そのようなエピソードが、それが事実であることの証明のように話される。

いや、それでも、もし失敗したときに自分で責任を取れば、まだいい。もっと悪質な上司になると、成功しているときには自分のアイデアだったものが、失敗に終わった途端に、突然、それがもとはといえば部下のアイデアだったことを思い出し、部下の責任になってしまう。

中には、アイデアが出た直後ではなく、形勢が決した後、成功することがわかってから、「あれは実は私の発案だった」と言い出す人もいる。成功するか失敗するかわからないうちは、自分の手柄にしないで、様子を見ている。うまくいきそうだと踏んだころから、徐々にそのプロジェクトに肩入れするようになり、成功が決定したときには、いつの間にか、その人を中心とするプロジェクトにされてしまっている。

こうなると、愚かというレベルを超えて、部下たちは上司を一切信頼しなくなるだろう。

15

教えたがりバカ

愚者は〝相手かまわず〟教えたがる

世の中には教えるのが大好きな人がいる。教える人がいてくれるのはありがたい。そのような人がいてこそ、新人は知識を増やすことができる。そうして、知識が継承される。指導が行われ、様々な文化が引き継がれてきた。

しかし、学校以外の場で、教える存在がありがたいのは、教わるほうが教えてほしいと願っている場合に限られる。教えてほしいと思っていない相手に教えたがる人は、はた迷惑な人でしかない。それが行きすぎると、時として愚かとみなされる。

教えるのが大好きな人は、しばしば知っていることは何でも教えたがる。知ったばかりのことでも教えたがる。何かを知ると、それを教えずにはいられない。

それが何かの秘伝であったり、秘訣であったりするのならまだいい。ネットを検索すればすぐに出てくるようなこと、そもそも知りたいとも思っていないこと、知った後でも少しもありがたいと思わないことでも、教えたがる。

教えたがりが自信を持っている領域の事柄を教える場合、一層めんどうなことになる。知っていることをすべて教えようとする。教えてもらうほうは、自分に必要なことを教えてほしいと思っている。体系的にその領域について学ぶつもりはない。それなのに、このタイプの人は、**必要ないことまでも説明する**。

パソコンのトラブルが起こって、ＩＴ好きの教えたがりに尋ねると、簡単な解決法だけでなく、複雑な解決の仕方やそれに類似した用法などについても説明されたりする。ＩＴが苦手だから質問しているのに、難しい方法までも教えてくれるので、聞いているほうは結局よくわからないままになってしまうことも多い。

教えたがりは**相手かまわず教えようとする**。時には、自分よりも知識のある先輩にさえも教えたがる。その道のプロに向かって、素人なのに先輩ぶって教えることもある。教えるのが好きなものだから、相手の知識のレベルを見誤って、つい教えたくなってしまうのだろう。あまりに丁寧に教えてくれるので、教えられているほうは**「そんなこと、とっくに知ってるよ」と言いたくなる**が、そのタイミングがつかめずに困ることがある。

先輩に教えられた場合、それを実行しなければ失礼だとみなされることがあるのもうっとうしい原因の一つだ。

ファッションにうるさい先輩がおしゃれなリボンの結び方を教えてくれたとする。すると、毎回ではないにしても、時々それを実行しないことには、教えたがりは気を悪くしそうだ。時に、別の方法をほかの人に教えてもらったときには、どちらの先輩を立てればよいかで困ってしまう。

それ以上に困ったことも起こる。

たとえば、誰かがある映画の話をしているとき、それに出演していた女優が話題になる。すると、教えたがりの人は、したり顔でその女優の過去の出演作を教えてくれる。ある人が、ある会社の話をする。すると、教えたがりの人がその会社の情報を教えてくれる。しかも、ずっと前から知っており、自分にとっては常識であるかのような口調で話す。

教えてくれること自体は、時にありがたいこともある。だが、それが続くと押しつけがましくなる。それどころか、上目線が露骨になる。

教えてあげるということは、上に立って無知の人を導くことを意味する。教える側にそのような意図がなくても、教えられる側はそれを感じる。いつもいつも教えていると、教えられる側はうっとうしく思い、教えたがりの上目線が腹立たしくなる。教えること自体はいいのだが、それがわからないのが問題なのだ。

16 水を差すバカ

自分で判断しないで、他人にケチをつける愚

ニュースで国民にとっての朗報が伝えられる。国際大会での日本チームの勝利、スターの婚約、出産、海外で活動する日本人スポーツマンや芸術家の快挙、新人の活躍などなど。多くの国民はそれを明るいニュースとして楽しむ。それを祝福する人も多い。

ところが、そのような国民の喜びに水を差すようなことを言わなくては気が済まない人がいる。

国際大会での日本チームの勝利が伝えられると、**「どうせ次には負けるよ」**と言い、スター・カップルの婚約が発表されると、**「どうせ、すぐに別れるさ」**と言い、スター女優の出産が発表されると、「どうせ、こんなスターが子どもを本気で育てられるはずがないでしょ」と言う。**芸人や俳優がブレークしていると、「どうせ、すぐに飽きられてしまうよ。一年もたったら、誰も覚えていないさ」**などと言う。

日本人芸術家が海外で活躍していることが伝えられると、「日本人だけでそう言ってい

るだけで、向こうの人は誰も知らないんだよ、きっと」と言う。日本人選手がサッカーや野球などで活躍していても、「どうせ一軍半の選手で、向こうでは誰も知らないんだろ」と断言する。芥川賞や直木賞の受賞者に対しても、このタイプの人は、「どうせお笑い芸人の書いた小説なんて、たかが知れているよ」「どうせ、最近の芥川賞なんて、小粒でつまらないに決まっている」などと言う。

テレビや新聞で称賛される人にケチをつけるだけなら、まだ罪がない。このタイプの人は、自分のいる場所の権威にも難癖をつけようとする。

社内報で誰かが文章を書いて、みんながほめている。すると、このタイプの人は、「たいしたことないよ。これくらい誰だって書けるよ」などと言い出す。誰かが係長に抜擢されたというニュースが広がる。すると、「どうせ失敗して、馬脚をあらわすよ」と言う。

もちろん、このタイプの人の話す内容のほとんどは正しい。国際大会で勝ち抜くのは難しいし、スター同士の結婚はうまくいかず、スターが地道な子育てをするのは大変だ。人気を持続させるのは難しい。海外で一線にいる日本人は多くない。そして、芥川賞や直木賞の受賞作のうち、歴史に残る作品は多くない。スポーツ大会で上位に残るのは並大抵のことではない。ほとんどのチームはすぐに敗退する。同僚たちもとんとん拍子に出世するわけでもなく、男女の交際もトラブルが多い。だから、このタイプの人が語っていること自体は愚かではない。

愚かなのは、第一に**自分で判断しているわけではない**ことだ。スターたちの性格を知って判断しているわけではない。チーム力を分析したうえで語っているわけではない。受賞作を読んだうえで自分でその価値を判断しているわけではない。すべて勝手な思い込み、皮肉な憶測で決めつけているに過ぎない。これでは、単に世の趨勢《すうせい》にへそ曲がりの感想を語っていると思われても仕方がない。

このような言動が愚かであるもう一つの理由、それは、**そこに嫉妬《しっと》が混じっているのが透けて見える**ことだ。

同僚について語るときには、もちろん、スターを話題にするときでもスターや芸術家に対して嫉妬が含まれることが多い。あこがれの対象だったスターがエッセイを書いて売れたり、評論家めいた活動を始めると、嫉妬の対象になりがちだ。脚光を浴びていない自分を不甲斐なく思い、光の当たっている人を苦々しく思っている。そうなると、そのスターの幸せの報道すべてに水を差したくなる。

17 話にトゲがあるバカ

人を貶《おとし》めることで自分が優位に立とうとするのは、実は頭の悪い証拠

言葉の端々に、他者への侮蔑《ぶべつ》的なトゲを織り交ぜる人がいる。

中には、口が悪いだけで心根の優しい人もいないではない。そのような人は、自分が善人であることを表に出すのが恥ずかしくて、わざと悪ぶる。あえて、ひどい言葉遣いをする。たとえば、「子どもたちが遊んでいる」と言わずに、「悪ガキどもがうろちょろしてる」と表現する。「父の体調がよくない」と言わずに、「ウチのもうろく爺さんがくたばりかけている」と言う。

「手伝ってくれてありがとう」と素直に言えばいいのに、皮肉な調子を織り交ぜて、「役に立ったかどうかは別として、手伝ってくれてありがとう、フフフ」などと含み笑いを交えて語る。きっと素直に自分の優しい気持ち、感謝の気持ちを伝えるのが照れくさいのだろう。ちょっと何かしら斜に構えたところを見せないと気が済まない。

このような言葉遣いは他者に優しさが伝わらない。むしろ誤解を与えてしまい、時に「ひ

どい人だ」「嫌みな人だ」と思われてしまう。

だが、もっと愚かなのは、他者へのいたわりの欠如や心の卑《いや》しさが侮蔑的な表現となって表れる場合だ。本人はこのような言葉で自分の優位を示しているつもりなのだろうが、実は周囲にバカにされている。

このタイプの人は、心の優しさのカモフラージュとしての侮蔑的な表現ではなく、**他者を侮蔑し、自分の優位を示したい気持ちの表れとして侮蔑的な表現を用いる。**

差別的な言葉がこれらの人の多用ワードだ。「女性がいた」と言わずに、「バカ女がそこに突っ立っていて」「着飾ったブス女が偉そうに歩いていた」などと言う。

「田舎者」「あばら家《や》」などと貶める言葉も多用する。「田舎者の三流サラリーマンがやってきて、うちのビルを見て目を丸くしてた」「人なんて牛よりも少ないくらいのド田舎からやってきたくせに、一人前に都会人ぶって、仕事を始めたんだよ」などと語る。

「……のくせに」「たかだか……なのに」「どうせできやしないのに」「さもできそうな気になって」などがこのタイプの人の頻発ワードだ。しかも、人に順位をつけて、**「一流・二流・三流・五流……」**などの言葉を使う。

人の**身体的な特徴を話題にする**のもこのタイプの人の中に多い。しかも、そこにも侮蔑的なニュアンスを込める。「つるっぱげのおっさんがド下手な歌を得意げに歌ってた」「デブの男がハアハア息を切らせて歩いてる」などと語る。

他人が成功しても、文句のつけようがない場合には、渋々認めるが、そのようなときには、「彼らにしては上出来」「珍しく気を利かせて」「何とか間に合わせて」などと、それが例外的であることを強調する。

あるいは、「私だったらもっと簡単な方法を使ってやるけれど、あの人は、とりわけ難しい方法を使って成功した」などと語って、自分がやればもっとうまくやっただろうことを示さずにはいられない。

このような表現をしていようと、それが自分自身にも向けられるなら、それなりに許される。たとえば、「俺がド下手な歌を得意げに歌ってたら、田舎者丸出しだからやめてって言われたよ」などと自分のことをネタにするのであれば、「口が悪いが、悪い人ではない」という評価になるだろう。ところが、このタイプの人は往々にして、自分は侮蔑の対象から外れている。他者を侮蔑的に語って、むしろ自分を上位に示そうとしている節がありありとわかる。

このような言葉が知性の欠如を示しているのを、このタイプの人は気づかないのだ。

18 相手の発言を織り込み済みにするバカ

「そんなことわかっている」「当然そうなる」を多用する人には気をつけろ

話をしているとき、相手を高みから見下ろそうとする人がいる。まるで学校の先生が生徒の発言を指導しようとしているかのように、余裕のある笑みを浮かべながら、相手の話を聞く。

そのタイプの人は、相手が何を言っても動じた様子は浮かべない。実際はどうあれ、自分よりもはるかレベルの低い意見だという雰囲気を示す。「そんなことは私はとっくに考えてきたんだよ」といった面持ちで深くうなずいたりする。

相手が鋭く突っ込んでくる。このままでは言い負かされそうだ。そんなときも、このタイプの人は余裕の表情を崩さないで、「もちろん、そのとおりだよ」と言う。「それはもちろん、織り込み済みだよ」「そんな場合もあろうかと思って言ってるんだよ」という表現も用いられる。

こう切り返すことによって、相手の言ったことはすでに織り込み済みであり、それを見越したうえで語っていることをわからせようとする。

「なるほど」とか「確かにおっしゃる通りですね」「へえ、そうなのか」などという表現は使わない。相手の発言に驚いたような表情もしない。相手が発言した後、それを受けて話を進めることも少ない。

議論をしているとき、意見の対立が起こっているときも、このタイプの人は同じ態度をとる。相手が反論し、その根拠を示す。そのときも、「もちろん、そのとおりです」「それは当然のことです」などと言い出す。そうすることで、**相手の意見などわかりきったことだということを示そうとする。**

何かが起こっても、すでに予想していたように装う。そして、しばしば、「そうですよね」とか「やはり、そうなりましたか」などと付け加える。

本当に織り込み済みであったり、相手がそのような反応があることがわかっていたりするのであれば、もちろんそのような言い方もありうるだろう。だが、明らかに不意を打たれた場合も、うろたえた様子を見せることはない。

相手が何か言うと、たたみかけるように「だからこそ」と言うこともある。あるいは、「それこそ、私の言いたかったことなんですよ」「それを考えていたんだ」といった表現も用いられる。これもまた、**相手の話が自分の手の内であることを強調する手法だ。**

ところが、「だからこそ」と言って話し始めたのに、すこしも「だから」という接続詞とかみ合っていないで、相手の発言と無関係に前に語ったことを繰り返しているだけだったりする。

最初の一、二回なら、それに騙されてしまう人もいるだろう。善良な人は、聞いている自分のほうがよく理解できなかったのだろうと判断してしまう。が、度重なるうちに、常にこのタイプの人の話はごまかしであることに気づくだろう。そうこうするうちに、馬脚が現れる。誰も話を聞いてくれなくなるだろう。

19 他人のミスを攻撃するバカ

なぜ、ささいなことを大げさに騒ぎ立てるのか

人間、ちょっとしたミスを犯すものだ。カン違いをしたり、不用意な一言を発することがある。敬語の使い方を間違えたり、言い間違えたり、不適切な例を示したり、二者を取り違えたり、言葉が足りなかったり。文書には、変換ミス、文法的誤り、誤字脱字がつきものだ。

多くの場合は信頼関係によって、そのような間違いがあっても許容し合って、事を大きくすることはない。そのようなミスがあまりに多い場合は愚かかもしれないが、そのときにはそれを注意すればいい。

ところが、中にはそれを指摘して優位に立つ人がいる。

これには二つのタイプがいる。一つは、悪気のない人だ。本人としては、純粋にミスを指摘し、二度とそのようなことがないように注意を促しているつもりだ。相手の弱みを握ろうとも、優位に立とうとも思っていない。まじめで素直な人だ。

しかし、不用意に他人のミスを指摘すると、言われたほうは気を悪くするかもしれないし、上目線と思われるかもしれない。だから、傷つけないように、気を悪くされないように指摘するべきだ。

もっと陰湿でもっと愚かなのは、第二のタイプだ。数は少ないが、一定程度いる。

子会社の若い社員が敬語の使い方を間違えたとする。このタイプの人はここぞとばかり、「君、失礼ではないか。私にそんな言い方をするの？」などと食ってかかる。冗談めいた言い方をしたり、皮肉な言い方をすることもあるが、そこに本音がのぞいていたりする。

もちろん、冗談として、話を弾ませるために語っているのならいい。あるいは教育的な効果を狙っているのでも、多少うっとうしいが、仕方のない面があるだろう。だが、そうではないことが多い。

敬語の使い方、言い間違いについて指摘されると、「ごもっともです」と答えるしかない。「そんなことはたいしたことではない」と思っていても、ビジネスマンとしてはそうは言えない。このタイプの人は、そうした弱みに付け込んでいるともいえる。

ひどい人になると、相手の落ち度を待ちかまえ、時には罠にかけてミスを誘っておいて、難癖をつけて自分の意思を通す。こうしてパワハラを行ったり、「なんだ。俺にそんな敬語の使い方をするのか。そんな奴らと俺は仕事を一緒にできないよ。契約を見直させてもらうよ」というように仕事を有利に運んだりする。

ただし、このようなやり方はもちろんあまりに悪質であり、それを続けていると、悪評が立ち、近いうちに大きなしっぺ返しを受けるだろう。

第3章

人の話を勝手に解釈するのはなぜ?

勉強のできる子とできない子がいる。その大きな違いの一つが「聞く力」だ。人の話を聞く力のない子どもが勉強を理解できず、どんどんと落ちこぼれていく。

大人になってからも、もちろん同じことだ。人の話を聞く習慣を持たずにいると、いつの間にか聞こうと思っても理解できなくなり、コミュニケーションのとれない愚かな人間になってしまう。つまりは、人の話をきちんと聞いて理解をすることこそが人間のコミュニケーションの基本だということにほかならない。

相手が何かを説明したり意見を言ったりした後、直後に、その人が言ったばかりのことを質問する人間がいる。一応は聞いているにしても、まったく理解していないで、説明とかけ離れた行動をとる人間もいる。いずれも、一回や二回ならともかく、そのようなことが数回続くようでは誰も相手にしてくれなくなる。

人の話を理解できなかったために、知的でない行動をする人間の失敗は世の中にあふれているといえるだろう。

20 なんでも非難と受け取るバカ

なぜ、相手はそんなつもりはないのに、悪く解釈するのか

誰かがオフィスを訪れて、「ここにキャビネットを置くと便利になりそうだね」と言ったとする。その場合、ほとんどの人は、「なるほど、そうかもしれない」と思う。あるいは、「むしろ、それは不便になるかもしれない」「実は事情があって置いていないのだけどなあ」などと思うだろう。

ところが、中には、そのような言葉を自分への非難だと思う人がいる。そんな人は、「あんたは、ここにキャビネットを置いていない私をけなしているのか」と考える。時にはそれを心の中にとどめずに、口に出して言うこともある。

主婦の場合、夫や子どもが「今日出されたイチゴはあまりおいしくない」と言う。すると、**まるで自分がけなされたかのように怒り出す。**

イチゴのまずさを指摘した人は、単にそれを食べた感想を言っているにすぎないし、そもそも果物屋さんやスーパーを批判するつもりもない。それなのに、その主婦は、そのイ

チゴを購入したことで自分が非難されたと思い込んで、「仕方がないじゃないの。スーパーでおいしいって言ってたんだから。そんなことを言うんなら、私はもう買わないから、これから自分で買ってきてよ」などと的外れなことを言って怒り出す。

第三者が対象になっている場合にも、このタイプの人は攻撃的になる。このタイプの人の耳にはすべてが非難に聞こえるらしい。

誰かがほかの人の服装を「あら、かわいいわね」とほめる。ほかの人の仕事を、「手際がいいねえ。すごいねえ」などとほめる。すると、このタイプの人は「私の服装がみっともないと言いたいわけ?」「俺の手際が悪いと言いたいのか?」と食ってかかる。

もちろん、そのような場合もあるだろう。その人を遠回しに批判したくて別の人をほめる場合もないとはいえない。だが、むしろそのようなことはまれなはずだ。話し手がかなり皮肉な人間でないとそのようなことにはならない。ところが、このタイプの人は、人間のみんなが自分を批判するつもりでいると思い込んでいる。

劣等感がよほど強いのだろう。**劣等感は自意識過剰の裏返しでもある。常に劣等感を抱いているから、他人の言葉が自分を攻撃しているように思える。**しかも、自分が攻撃的だから、ほかの人も攻撃的だと思い込んでいる。

このタイプの人が愚かなのは、自分の劣等感と自分の攻撃性を周囲に見せてしまっていることだ。それを見せると、周囲の人間はつき合いができなくなってしまう。何を言っても、それを攻撃だと感じるような人間と通常の話ができるはずがない。

数回そのような場面に遭遇すると、それ以降、周囲の人はそのタイプの人が口に出していなくても、「もしかしたら、心の中でそう思っているのかもしれない」と思う。そして、コミュニケーションがぎくしゃくしてしまう。

21 拡大解釈バカ

「えっ、そんなこと言っていない」…この的外れな批判はどこから来るのか

拡大解釈をする人がいる。

誰かが、「会社を維持するためには、新しい商品を開発する必要がありそうです」と提言したとする。すると、拡大解釈するタイプの人は、その言葉を「新しい商品を開発しさえすれば、会社を維持できる」ととらえる。

すると、時に、「新しい商品を開発しさえすれば、会社を維持できるとおまえは言うが、そんなことで会社を救えると思っているのか」、「おまえは、それ以外の方法などないと言うが、そんなことはない。ほかにも方法がある」などと非難してくる。

もちろん、最初に提言した人間は「新しい商品を売り出すことによって、会社維持の一つの契機になれる」と言おうとしているのであって、商品の売り出しによってすべてを解決できるとは言っていない。だが、拡大解釈をする人は、それを歪んでとらえる。

このタイプの人は、**「…するとよい」「…することが必要だ」という論法を、「…しさえ**

すればすべて解決する」と解釈しがちだ。

「本を読むと子どもの知性が伸びる」という言葉を聞くと、このタイプの人は、「本さえ読ませていれば、知性が伸びる」と取り違える。そして、それがうまくいかないと、「本を読むだけで知性が伸びるなんてウソだ」と息巻く。

言うまでもなく、最初の提案者は、それをすることによってなんでも解決するなどとは言っていない。単に、それを解決するためのいくつもの手段のうちの一つを提案しているにすぎない。ところが、単純な頭脳の人間はそれを逆転させてしまう。

もちろん、そのような拡大解釈をするのが後輩であれば、「おまえはバカか」と一蹴すればいい。だが、目上だったり、年上だったりすると、それもできずに困ってしまうことになる。遠回しに、「いえ、私が言っているのはそういうことではなくて……」と言い出すと、「おまえは屁理屈を言う」と言ってますます怒り出す。

このタイプの人はがよく行う拡大解釈にはもう一つの典型がある。

「A社のXさんは信用できる方だと思います」と言うと、「きみは、A社は信頼できる会社だと言っているが、それは間違いだ」などと言い出したりする。一層過激になって、「おまえはA社と心中するつもりのようだが、そんな覚悟があるのなら、その証拠を見せろ」

などとめちゃくちゃな要求をする上司もいる。

つまり、ある種の拡大解釈によってA社の中の一人であるX氏をA社とイコールの関係にしてしまうわけだ。

このような拡大解釈は、しばしば相手を非難するときの論法に使われる。このような思考法を議論のための議論として、わかったうえで相手を言い負かそうとして強弁しているのなら、まだ救いがある。だが、そうでない場合も多い。本人がそう思い込んでいるらしいことも少なくない。

22

相づちを打たないバカ

相手に気づかれずに会話の主導権を握る頭のいい方法

このごろ、相づちを打たない人が増えているようだ。

人が話しているときに、黙って聞いている。数人で話しているときに相づちを打たないのは、やむを得ないだろう。むしろいちいち相づちを打つほうが不自然だ。だが、二人きりで話しているときに相づちを打たないのでは、気分のいいものではない。

私も大学で何度かそのような経験をした。学生と電話で話したが、その時、その学生が相づちを打たないので、相手が本当に電話口にいるのかどうか疑ったほどだった。

相づちは、「聞いてますよ、もっともっと話してくださいね」というサインだ。人の話のページをめくる作用があるといってもいいだろう。相手に「聞いてますよ」と示しながら、次に話を進めるように促している。

だから、**相づちを打たないと、話し手は安心して話せない**。相づちを打たない人は、感じが悪くて、つき合いづらいとみなされる。場合によっては人の話を聞かない人間、集団に溶け込んでいない人間ということになるだろう。話しているほうは、「もしかして、この人は私のことを嫌っているのだろうか」と疑ってしまう。それに、難しい話をしている場合には、**相づちを打たないと、内容を理解していないとみなされてしまう。**

相づちを打つというたったそれだけのことで、礼儀を守り、感じよくふるまうことができ、相手が話をしやすいようにできるわけだ。「へえ」「ほんと?」「なるほどねえ」「そうかあ」「うんうん」。こういった相づちをいくつか身につけておいて、それを口にするだけでコミュニケーションがスムーズになる。

しかも、相づちによって、実はうまく話をコントロールできる。

先ほど述べた通り、相づちは話の先を促す効果がある。そのため、**早い相づちを打つことによって、話す人間にスピードアップするようにせかすことができる。逆に、ゆっくりと深く相づちを打つことによって、たっぷりと時間をかけて話してほしいことを示し、深い共感をわかってもらうことができる。**

そろそろ話を切り上げたいと思うときには、相づちの回数を少し減らしてみるといい。相手は少し話がしにくくなって、切り上げ時であることを悟るだろう。

相づちを打たない人は、人と会話するときのこのようなテクニックを自ら手放していることになる。相づちを打つか打たないかという、たったそれだけのことで、これほどの差がある。

ただし、相づちを打つべきだとはいえ、もちろん相づちを打ちすぎるのも問題がある。相づちを打ちすぎると、ときにおべっか使いとみなされる。もちろん、相づちを意識して打っているのならいい。相づちの場合、自分で打っていることや打っていないことに気づいていない。だから、自分でどう見られているのか意識していない。意識しているのではなく、単に癖としてそうしている場合、誰にでも媚《こび》を売る人間とみなされてしまうだろう。

上手に相づちを打ってこそ、現代社会において賢い人間といえるだろう。

23

単純バカ

何でもかんでも「やる気」や精神論で片づける人、いませんか？

私は単純にとらえることは必ずしも悪いことだとは思っていない。

現代日本社会の動向にしても、もちろん複雑な動きをするとはいえ、基本的にはグローバル化して競争力をつけるために無駄を省き、一層資本主義化を進めようという動きと、それに反して、グローバル化を食い止め、競争よりも人間らしさや安全を重視し、行きすぎた資本主義化を是正しようという動きがある。その基軸に様々な要因が重なって複雑に見えているにすぎない。

これに対して、「物事は単純にはとらえられない」と称して、単純化することを拒否していると、何も見えなくなってしまう。まずは単純化してとらえ、そのうえで様々な要因を加えて考えてこそ、全体を正確にとらえられる。

とはいえ、物事を単純にとらえすぎるのは、考え物だ。

これは体育会系に多いタイプだ。

勝負に負けたとき、敗因を分析しようとしない。ただ単に「勝ちたいという気持ちが相手よりも弱かった」と答える。答えるだけならまだしも、本気でそう思っている。

スポーツマンならそれでもいい。そうすることによって一層努力し、最後には勝利に結びつくかもしれない。ところが、ビジネスマンがそう考えてしまう。「がんばる意欲がなかった。だから、失敗した」などと総括する。

実際には、技術が不足していたり、情報が間違っていたり、組織の在り方そのものがそのプロジェクトに向いていなかったりといった要因があっても、精神論で片付けられてしまう。

このタイプの人間は複雑なことを嫌う。複雑であることは、それ自体でよくないことだと考えているのだろう。あらゆることをマルバツで考えようとする。そのような上司であると、部下が対策について考慮しているとき、「よいのか、悪いのか、はっきり答えろ」とマルバツを迫る。

部下が厳密に検証しようとしていると、そのタイプの人間は「やる気がない」と判断してしまう。

「理屈はいいから、さっさと行動しろ」と言うのもこのタイプの人の特徴だ。そもそもこのタイプの人は理屈というものを、やわなインテリが自分の利益のためにひねり出す弱者の道具だと認識している。だから、順序立てて思考することを醜《みにく》いこと、するべきではないことと思っている。

よく、「私は忙しいんで、結論を一〇秒で言え」などとむちゃくちゃなことを部下に指示する人間がいる。しかも、かなり自慢げにそのようなことを言う。それも同じ思考による。

このように言う人間の中には、複雑な条件を理解できない人間が多い。現代社会で、このような言葉は、複雑なことを理解できないことを告白しているようなものなのだが、このタイプの人はそれに気づいていないようだ。

このタイプはこのように、**とりわけ「条件」を忘れることが多い**。

「もし先方が難色を示したら、この案は取り下げる」ということで結論が出そうになっているのに、「もし先方が難色を示したら」という条件を忘れて、「この案を取り下げるとは何事だ」と怒り出したりする。

おそらく頭が粗雑なために、**「もし……なら」「このような場合には……、別の場合には……」というような複雑な状況を理解できない**のだろう。

24 早合点バカ

「木を見て森を見ない」で判断する危険

早合点による失敗は落語でも喜劇でもおなじみのテーマだ。「目黒のさんま」も「粗忽《そこつ》長屋《ながや》」も、人の話を早合点してしまっておかしなことになってしまう話だ。喜劇ばかりではない。『ロミオとジュリエット』も、二人の恋が悲劇に終わるのは、仮死状態になったジュリエットを死んだものとロミオが早合点してしまったことによる。『オセロ』も、妻デズデモーナが浮気していると早合点してしまったがゆえの悲劇にほかならない。

このように早合点は実に愚かな行為であると同時に、悲劇を招く恐るべき行為でもあるのだ。この通り、呑み込みの悪いのも愚かなしるしだが、早合点はその数倍も愚かだ。

劇の世界だけではない。現実の世界も早合点にあふれている。

早合点はどうして起こるか。

コミュニケーションは、人間関係、口ぶり、それ以前の様々な状況によって意味が変化する。文字にすると同じ言葉であっても状況によって全く異なった意味になる。たとえば、「バカみたい」と口にしても、切って捨てている場合もあるし、愛情を込めている場合もある。尊敬をこめていることさえもあるだろう。それを口にしたのがどのような人か、言われた人との関係はどのようなものかなどの総合的な事柄によってその意味あいが決まっていく。

ところが、早合点する人は、そのような総合的な判断ができない。前後から考えると、間違いなく愛情を込めて言っているのに、一言だけを選んで「バカにされている」と早合点してしまって、被害妄想に陥ったりする。

多少なりと疑いの気持ちを持っていればまだいい。「バカにするような口調だったけれど、もしかするとそれほど悪気はなかったのかもしれないが、どうだろう」という疑問を持って考え、その結果の判断であれば、まだ愚かさは少ない。ところがこのタイプの人は疑うことを知らない。否も応もなく、バカにされていると思い込んでしまう。

被害妄想ならまだ害は少ないかもしれない。逆に、からかい気味に言ったことをほめられたと早合点することもある。「なかなかやるねえ」と言われたら、ふつうなら誰もがからかわれていると思うはずなのに、なぜか心からほめられたと思い込む。そして、その気になってしまう。最終的に傷つくのは自分なのだが、本当に傷つくまで、事実に気づかない。

もっと愚かな人間になると、数人で話をしていても、その脈絡を追えずに早合点して的外れなことを言い出す。

たとえば、数人が社内の人間関係について話題にしている。X氏がY氏についてどう思っているかが話題になっている。一人が「Yさんなんて嫌いだよ」と話す。もちろん、会話の中で主語が省略されることも多い。だから、当然、「X氏がY氏を嫌っている」と言おうとしている。周囲の誰もがそれをわかっている。

ところが、総合的に物事をとらえられない人間は、最後の言葉だけが頭に残り、前後の脈絡なしに、話した本人がY氏を嫌っていると早合点してしまう。そして話がトンチンカンになって、それが続くうちに、その人は話の通じない愚か者とみなされることになる。

人間関係ばかりではない。文章を読んだり、人の話を聞いたりするときにも同じことが起こる。人の話の中に「係長の行動の中には納得できないこともたくさんあるが、私は係長がしていることに賛成だ」と明らかに語っているのに、「係長の行動の中には納得できないこともたくさんある」というところだけになぜかひっかかって、「あの人は係長に賛成できないと考えている」と早合点する。

これには二つの原因がある。

一つは**本当に理解力がなくてくみ取ることができず、たまたま頭に残った部分をその人の言いたいことだと思い込んでしまう。**もう一つの原因は、**強い思い込みがあって、自分の考えに合致することばかりに頭が行ってしまう**場合だ。

このタイプの人は「あの係長は嫌だ」と思っていると、他人が語っている言葉も係長の悪口に思えてしまう。

自分が駅からしばらく距離のある場所に行こうとしているとき、その方向に向かっている人が全員自分と同じ場所を目指しているような気分になるが、それと同じことだ。みんなを自分と同じだと解釈してしまうわけだ。

25 字義通りバカ

頭のいい人は、人の言葉の真意を読み取る

　言うまでもなく、人は本音をそのまま口にしているわけではない。

「あの人は服のセンスは個性的だねえ」と口にするときには、「あいつの服のセンスは普通に考えると、かなりひどい」という意味だろう。「あいつも悪いやつではないけどね」と言えば、「俺はあいつのことは嫌いだ」ということになる。「俺はあいつのことを嫌いではないけどね」と言えば、「大嫌いというわけではないが、どちらかというと嫌いなほうだ」ということを示している。

「灰皿ある?」と人が聞いた場合、もちろん、「タバコを吸いたいんだけど、吸っていいの?」と尋ねているだろう。「あります」と答えて、灰皿を指さすだけでは、相手の言葉を読み取ったことにはならない。

「いい天気ですねえ」という場合も、天気の話をしているというよりは、相手との話の接《つ》ぎ穂を見つけているわけだ。それに対して、わざわざ窓まで見に行って、「いいえ、今、曇

っています」と答えると、相手は驚いてしまうだろう。

面と向かって目上の人が目下の人に自分の書いた文章を見せて、「私の文章をどう思うかね」と聞けば、相手は「さすがです」「お手本にさせていただきます」と言うしかないだろう。

ところが、相手の言葉を字義通りにとる人がいる。自分の文章を見せて無理やり「さすがです」「お手本にさせていただきます」と言わせたのに、相手がほめてくれたと信じる。そこに多少のおべっかが混じっていることを考えない。

「いやあ、こないだ私の書いた社内報の文章、大評判だよ。みんながおもしろかったと言ってくれるよ」などと吹聴したりする。ところが、実際には、「部長に会うと、社内報に話が向けられるんで、ほめるしかないんだよな。なんとか顔を合わせないですむようにしてるんだけどね」などと陰口をたたかれていたりする。

このタイプの人に遠まわしに断っても、それは通じない。人を誘っておいて、相手に「一緒に飲ませていただけるのは本当に楽しみなんですが、今日はどうしても外せない用があるもんで……」と言われると、「あいつは私との飲み会を楽しみにしているので、そのうち、時間をつくってあげなくてはいけない」などと思う。

「私の家には不釣り合いなので、このような素晴らしいものをいただいても……」と言いながら、実はそのようなものはほしくないと断っているのに、「いやいや、もっと自信を持ちなさい」「君の家も立派ではないか」などと力づけたりする。

おそらくこのようなタイプの人は、自分が文字通りに話をする人なのだろう。自分がおべっかを言うこともなく、遠まわしに言うこともないのだろう。だから他人も自分と同じように純粋で正直だと思っているのだろう。だから、もちろん、このタイプの人に悪人はいない。

しかし、これを続けていると物事を理解できない人間として軽視されるのは間違いないだろう。

26

情報をうのみにするバカ

ネットいじめ問題は、「検証力の欠如」から起こる

ネットの中にはありそうもない情報が飛び交っている。

心霊現象を見た話、有名人のありそうもない情報、よほど経済力のある人でないとできそうもないような豪華絢爛《けんらん》な体験談、「トンデモ都市伝説」など。ネット以外にも、詐欺だということがあからさまな儲け話、ホラ話に決まっているような自慢話が転がっている。

このようなありそうもないことをやすやすと信じてしまう人がいる。

このタイプには二種類の人間がいる。一つのタイプは、あらゆる情報を信じてしまう善良な人間だ。自分自身が一切ウソをつかず、人の裏をかこうなどとしない。だから誰もが自分と同じように善良だと信じている。どんなウソでも信じてしまう。

誰かが「私は政府の補佐官をしている。有名女性キャスターと同棲しており、世界のスター歌手の何人とも親友だ」と言うと、普通の人間であれば、それが本当かどうかを確かめようとする。その人物の名前がネットに出ているかどうか。その話に信憑《しんぴょう》性があるか

どうか。いくつかの話と話の間に矛盾はないか。その話とその人物の性格、生活、経済状態に矛盾はないか。利害が絡んでいるときには、いくつか質問をして、確かめるための作業も行うだろう。いくつもの証拠を見て初めて納得する。

ところが、信じやすい人は、言葉をそのまま信じる。確かめるにしても、一つだけの裏付けで十分だと思う。初めから信じてかかっているので、そもそも疑問が浮かばない。それどころか、**疑うことを悪いこと、信義にもとることと考えている。**疑いたくなる自分を抑えて、なんとか信じようとする。信じるに足る証拠ばかりを見ようとする。

このタイプの人は、ウソが一つ露見しても、まだほかの点は真実であると信じようとする。たとえば、先ほどのホラを吹く人物が有名女性キャスターと同棲していないことがわかったら、ほとんどの人は、「政府の補佐官で、世界のスター歌手と親友」という点も疑うだろう。だが、このタイプの人は、それについてはまだ信じようとする。

ただし、このタイプの人は、別の信頼している人が別のことを言うと、今度はまたそれを信じる。だから、別の信頼している人が「政府の補佐官」を名乗る人物はウソをついているに違いないと言えば、今度はそれを信じるようになる。

第二のタイプは、むしろ心のゆがんだ人だ。これらの人はすべての情報を信じるわけではない。**自分に都合のよい情報だけを真実だと思い込む。**どんなに裏付けが脆弱《ぜいじゃく》でも気にしない。そして、一度信じると、どんなに裏付けのある反証を示しても受け付けなくなる。

あるお笑い芸人がかつての「女子高生コンクリート詰め殺人事件」の犯人の一人だという根拠のない噂がネット上で流れ、それを真に受けた人々が執拗に中傷を繰り返して逮捕された事件があった。一部の人間の愚かさ、浅ましさ、卑劣さを象徴する出来事といってよいだろう。

同じようなことがネット上で日々起こっていることだろう。誰かがおもしろ半分に書いたエピソードを、愚かな人々がまったく検証しないまま真実と信じてしまい、冷静な人がいくら反証しても耳を傾けなくなる。実は私自身もネット上に事実に反する出来事を書かれ、それを真に受けた数人から何度か中傷を受けたことがある。

いわゆるヘイトスピーチも同じ類のタイプの人たちが流しているといえるだろう。事実の重要な部分を見ないで一部だけをゆがめて取り上げ、それを声高に喧伝し、それだけでなく、差別し他者を攻撃する。

もちろん、このタイプの人全員が、ここに示したような卑劣な人間だとは限らない。だが、情報を的確に判断できない点において知性を疑われるのだ。

第4章

「考える力」のない困った人たち

「人間は考える葦《あし》である」と書いたのは、一七世紀フランスの思想家パスカルだった。要するに、人間は葦のようにか弱いが、思考する能力をもつ偉大な存在だということを語っている。それほどまでに人間にとって考えることが大事だ。自分で考えなければ、人間として生きていくことはできない。

現代社会においては、黙って人の指示に従うだけで済ますことはできない。仕事のうえでも意見を問われる。説明責任がある。異性との交際にしても、話して楽しいことが何よりも重視される。あらゆるところで、考えをまとめ、それを人に示すことが求められている。

ところが、自分で考えるのが苦手な人がいる。飛躍した考えにとらわれたり、あまりに単純に決めつけたり、愚かな考えを改めなかったり。それを続けるうちに、周囲の人は、その人を「考える能力のない人」、つまりはバカ者だとみなすようになる。その人が何かを語っても、誰も耳を傾けないようになり、時には冷笑することにもなるだろう。

27 自分の体験を普遍化するバカ

「すべてを身近な一例で判断する」落とし穴

愚かな人は一つだけの自分の体験や目撃を普遍化してしまう。**「一度こんなことがあった。だから、それはいつもこうなのだ」と決めつけてしまう**わけだ。

「勝とうと思ってパチンコをすると、必ず負けるんだよ。時間つぶしと思ってやると、勝つもんだ。こないだ、今日こそは勝とうと思ってパチンコをしたら、案の定、ぼろ負けだった」などということをまことしやかに語る。

もちろん、冗談としておもしろ半分に語っているのなら、それでいい。だが、どうやらその人の頭の中では、「勝とうと思ってパチンコをすると、必ず負ける」というのが普遍的事実としてインプットされているようだ。

それほどではないにしても、「パリは気候がよくて、治安もよい最高の都市だ。私が行った三日間、ずっと晴れていて温度もちょうどよく、一度もトラブルに遭わなかったから」「大分県の人に悪い人はいない。私は大分県出身者を知っているが、その人は善良だった」

「○○大学の出身者はみんな自由奔放な雰囲気だ。なぜなら、私の友達のその大学出身の二人とも同じような雰囲気だから」というような思考はかなり一般的に行われている。

これでは、たった一回の例で、「パリは危険な都市だ」「大分県の人は悪い人ばかりだ」ということにもなりかねない。

少ないデータに基づいているという自覚があれば、それでもよいが、このタイプの人はそれを普遍的な真実と思いこんでしまう。

しかし、言うまでもないことだが、パリには天気の良い日も悪い日もあり、犯罪に遭う人も遭わない人もいる。ある県の出身者、ある大学の出身者にも様々なタイプの人がいて、一律化するのは難しい。もちろん、ある程度の傾向はあるにせよ、それを示すにはもっと大きなデータが必要だ。ところが、このタイプの人はごく少ないデータで少しも不足を感じない。

山間部のキャンプに行く。大雨警報が出る。普通の人であれば、「警報が出ているのにキャンプを続けるのは危険だ。避難しよう」と考える。ところが、一例を普遍化する人は、「前に来たときも警報が出ているのにキャンプを続けて、何も起こらなかった。だから、今回も大丈夫だ」と考える。

どうやら、統計や総合的なデータよりも、自分の身近な事例のほうに説得力を覚えるようなのだ。そして、自分の経験した事実はすべてだと思っているのだろう。

単にそのように信じているだけならともかく、警報を甘く見て被害に遭ったのでは、単に愚かだとばかりも言えなくなってしまう。

28 好き嫌いで判断するバカ

感情優先にしていると、「考える力」は育たない

人間は誰もが好きなものと嫌いなものを持っている。

たとえば私は寿司もウナギもステーキもラーメンもうどんも大好きだが、それを嫌って食べられない人も少なくない。私は酸っぱいものが大の苦手で、梅干しなど人類の食用になりうるものだとは信じられずにいるのだが、これを好む人は多い。食べ物に限らない。好きな音楽家、好きな作家、好きなタレント、嫌いな音楽家、嫌いな作家、嫌いなタレントもたくさんいる。

それは当たり前のことだ。すべての食べ物が好き、すべての音楽が好き、すべての小説が好き……などということは考えられない。それと同じように、人間に対しても、好き嫌いがあって当然だ。馬の合う人、合わない人が必ずいる。嫌いな人を無理やり好きになろうとしても難しい。

だから、好き嫌いがあるからといって、その人を愚かとはいえない。愚かなのは、嫌い

な人とつき合おうとしないで、物事を好き嫌いによって判断する人だ。

仕事であれば、嫌いな人とも行動しないわけにはいかない。職場に腹立たしい人がいるというのはごく当然のことだ。むしろ、そのような人がいない職場で働いていたら、奇跡的に幸運だと思うべきだろう。職場に嫌いな人がいないにしても、少なくとも取引先や客には嫌いな人がいるだろう。嫌いだからイヤだと言っていたのでは仕事にならない。

嫌いな人であっても「上手に利用する」と考えてこそ、適当な心理的距離をとって仕事ができる。そうこうするうちに、嫌いな人のよさがわかることもあるだろう。好きにはならないにしても、興味を抱くかもしれない。少なくとも、どんなに嫌な奴なのかを観察すれば、それはそれで楽しめる。少なくとも、嫌いな人と知り合うことによって、それまで知らなかった人間性を知ることができ、新たな視野を得ることができる。**人は嫌いな存在に育てられる**面が、間違いなくある。

それなのに、このタイプの人は嫌いな人とは口をきこうとしない。近づこうともしない。その人を上手に利用しようとも思わない。そうすれば自分も困ったことになるとわかっているのに、感情のほうを優先する。

このタイプの人は、パーティなどが開かれると、しばしば出席者が誰なのかを問い合わせる。また、テーブルの席が決まっている場合など、近くに誰が座るかを気にする人も多い。そして、「あの人が出席するのなら私は欠席する」「あの人の近くの席はイヤだ」などと子どものようなことを言い出す。本人は大まじめにそのようなことを語っているのだろうが、そのような問い合わせ自体、いかに愚かであるかを物語っている。

しかも、そのようなタイプの人は**理性的な判断よりも感情を優先する**。

たとえば提案者が好きな人であったら、その意見に賛成し、嫌いな人であったら反対するといったことをしがちになる。その意見がどのような意見なのかは問題ではない。誰かが口を開いた途端、それを敵の意見とみなして、初めから耳を傾けないで、敵意を燃やす。それこそまさに理性的に判断できないということにほかならない。

また、このタイプの人は、その行動そのものではなく、誰がそれをしたかによって判断が曇らされることが多い。好きな人の行動であれば、すべてを善意に解釈する。嫌いな人の行動であれば、すべて悪意に解釈する。総合的に考えて、そのような判断に説得力がなくても、感情に左右される。

29 対症療法しか考えないバカ

「とりあえず」思考では、問題は解決しない

物事には原因があり、結果がある。そして、それは多岐にわたっている。

たとえば、肌に湿疹ができたとする。それにはさまざまな原因が考えられる。虫刺されかもしれない、汗疹《あせも》かもしれない、薬疹かもしれない、あるいはもっと重大な病気の表れかもしれない。

ところが、これに対してそのような深い理由を考えずに、湿疹のための薬を塗ってそれで満足している人がいる。それがいつまでも治らなくても、湿疹の薬以外を考えようとしない。医師に相談しようともしない。もっとよく効く塗り薬はないかと探すばかりだ。

もちろん、真っ先には出てきた症状を治すことに専念する必要がある。だが、同時に、もっと奥深くに原因があり、現れた現象はその大きな原因の一つの表れだととらえる見方も必要だ。だが、このタイプの人はそうは思わない。

そのタイプの人は、咳《せき》が出たら咳止めを飲み、関節に痛みが走ったらマッサージを受け、

食欲がなくなったら食欲増進剤を飲む。それだけで済ます。

もちろん医療に関するだけではない。このタイプの人は、すべてにおいてこのような考え方をする傾向が強い。

自分の売ろうとしている商品が売れない場合も、抜本的に商品の質や広告の仕方、販売方法を考えようとしないで、たくさんの人に声をかけることだけを考える。それ以上のことに頭が働かない。

すべてにおいて、「とりあえず」の方法をとる。**とりあえず、目の前の現象をなくすことだけを考える。**

口うるさい上司がいるとする。本来であれば、その上司の言うことが正論かどうか、その言うことを聞くべきかどうかを考えて、納得がいけば自分を変える必要があるだろうし、納得がいかなければ、何らかの形で話をする必要があるだろう。

だが、このタイプの人は、とりあえずその上司と顔を合わせないことを考える。あるいは少なくとも、時間を後にのばすことを考える。いつまでも逃げようとする。

たとえば、企画した商品が思ったように売れずに苦心しているとする。このままでは、別の部署の係長から強い対策を求められそうだ。そんなとき、本来なら、それが売れない原因を分析する必要がある。商品そのものの品質、ライバル関係にある商品との違い、販売戦略の問題点、天候などの不確定要素の問題点などを見直す必要がある。そのうえで、新たな対策を立てなければならない。

ところが、**対症療法のみを考える人は、どうやって取り繕うかに腐心し、批判をどのようにかわそうかということを中心に考える。**つまり、批判しそうな係長をどうやったら黙らせられるかを中心に考える。そのあとでも、「もっと売れるように営業部隊にはっぱをかけよう」という程度しか考えない。

会社内での人間関係がうまくいかない場合も、そのもともとの関係について考えようとしない。

たとえば二人の同年代のスタッフのぎくしゃくした関係が、正社員と派遣社員であること、しかも、派遣社員が自分よりも能力の劣っている正社員に指示されることに不満を抱いていというることに起因している。多くの人がそれに気づいている。

ところが、バカな正社員がそのことに気づかずに、「あいつはやる気がない」と怒って、やる気を出させるような自分本位の対策を押しつけたりする。一層事態をこじらせているのに、それに気づかないのだ。

30 わかりきったことを熱を込めて語るバカ

周囲に〝ウザい〟と思われるワケ

わかりきったことを、まるで大発見のように熱を込めて語る人がいる。

「おお、コンパクトディスクも、キャッシュディスペンサーも、両方ともCDと略すんだな!」

こんなことを今さら言われても、誰も感心しない。気づいていた人はとっくの昔に気づいていただろう。気づいていない人は、そのようなことに関心がないだろう。いずれにしても、大声で言われるほどのことではない。聞かされるほうはどう反応すればよいのかわからずに困ってしまう。

みんなが知っている情報を人よりも遅れて入手して、まるで自分だけ知っているように言う人もいる。

「実は、小川君と山下さんは前からつき合ってたんだよ。今度結婚するんだってさ」

それを知らなかったのは、話している人だけで、ずっと前から周知の事実になっているのに、そう言う。「おまえはこれまでそれにも気づいていなかったのか」と誰もがあきれているのに、本人はいたって大まじめだったりする。

「小野妹子《おののいもこ》ってのは、女みたいな名前だけど、男なんだよ」

これを中学生に言うのならともかく、大の大人に言ったりする。

あるいは中には、「日本史というのは苦手だったなあ。小野妹子ってのは、女みたいな名前だけど、男なんだとだいぶ後になって知ったよ」などとネタに使ったりする。それも一度や二度ならともかく、何度も言われたのでは、周囲はたまらない。

「台風〝いっか〟というのは、台風の家族のことじゃないんだってさ」

「うさぎおいし、というのは、うさぎがおいしいってことじゃないんだよ」

「ランゲルハンス島っていうのは、人間の体の中にある島なんだよ」

などと、今発見したかのように言う人もいる。

このような語り方をするのには二つの場合があるだろう。

一つは、本当に初めて知って、驚いている場合だ。ところが、その情報があまりに遅く、知らないほうが不思議なので、みんながその無知や鈍感にあきれる。

もう一つは、話している本人は、それがおもしろいと思っている場合だ。オヤジギャグの一つのつもりなのだろう。だが、少しもおもしろくないので、そのセンスのなさに周囲は驚くのだ。

いずれにせよ、無知であるかセンスがないかの違いであり、愚かであることには違いがない。

このタイプの人は、周囲の誰も関心のないことまでも、熱を込めて話すことが多い。

自分の親戚や近所の人の悲報を、まるで誰もが知っている人の死のように悲しげに話をする。誰かが心から嘆いていると、周囲の人ももちろん同情はする。とはいえ、家族でもない未知の人の死に対して、話している人と同じようには悲しめないし、それを話されても困ってしまう。このタイプの人は、自分が心から悲しんでいるのであれば、話を聞いている人も悲しむのが当然であるかのように、語り続ける。

要するに、**周囲の人の情報を考慮に入れず、自分の情報をみんなが共有していると思ってしまうのだ。**だから、周囲からはバカに見えてしまう。

31 人を「見る目」に自信があるバカ

相手を先入観で見ていないか？

「見る目」に自信を持っている人がいる。「私の目に狂いはない」などとしばしば語る。だが、そのような人々こそ、実はしばしば、見る目がないことがある。

このタイプの人はしばしば**第一印象を絶対視する。**一度、その人の評価を決めたら、それを変えない傾向がある。思い込みでその人物を見て、それによって判断する。

たとえば、最初にある人物を「気が小さく臆病」と判断する。その後、その人物は何かの仕事に失敗するかもしれない。すると、「気が小さくて臆病だから、その仕事を大胆にできなかった」と判断する。その後、別の仕事で成功する。すると、「臆病だから、慎重に事を運んでうまくやった」とみなす。

このように思い込みで判断するのだから、本人は自分の「見る目」は間違いなかったと考える。先入観に従ってすべてを判断しているのだから、間違いようがなかろう。しかも、すべての人物についてそのように考えるのだから、当然、「私には見る目がある。一度も、間違えたことがない」と考えることになる。ますます思い込みが強くなる。

このタイプの人の判断は、確かに動物的な勘に基づいてかなり的確なことがある。だが、それは稀《まれ》だ。むしろ、単なる思い込みであることが多い。

まずそもそも、最初の思い込みがかなりの決めつけであることも多い。たとえば、ゴキブリを見て叫び声をあげたのを理由に、「気が小さい」と判断したりする。

しかし、もちろん、その人は単に昆虫が嫌いなだけで、ほかのことには大胆なのかもしれない。ゴキブリが嫌いというわけではなく、単に物体が目の前に飛来したので驚いただけなのかもしれない。それをもって「気が小さい」と判断することはできない。それなのに、このタイプの人は、それ以外の可能性を考えずに一つに決めつけてしまう。しかも、それは単純な図式であることが多い。

そして、その思い込みに結びつけてすべてを判断する。仕事の成功や失敗には、ほかにいくつもの要因があったかもしれない。「気が小さい」というような単純なことではないはずだ。だが、このタイプの人は、それですべてを解釈する。

このタイプの人は、**決めつけて思い込むために、好き嫌いが激しい傾向が強い。**

第一印象で人間を嫌いになったら、その人物を徹底的に嫌う。好きになったら、徹底的に好きになる。周囲の人間からは、どのような理由である人物を好きになり、別の人物を嫌いになるのか、その理由がよくわからないことがあるが、ともかく、それがはっきりしている。たまたま最初に出会ったときにいい印象を持ったかどうかが問題なのだろう。

ほとんど同じような行動に対しても、好きな人に対しては善意に解釈する。嫌いな人に対しては悪意に解釈する。

いや、それどころか、嫌いな人がその人物に対して好意的な行動をとっても、きっと裏心があるのだろうと邪推する。好きな人がその人物に対して対立的な行動をとっても、何か事情があってそうしているのだろうとみなす。

そして、嫌いな人に対しては公衆の面前で叱りとばし、好きな人に対しては、臆面もなくほめちぎる。

周囲からは、そこにどのような違いがあるのかわからないが、本人は好きな人と嫌いな人の行動は異なると考えて、疑うことがない。

しかし、言うまでもないことだが、人間はそれほど単純に決めつけられない存在だ。状況に応じて様々な行動を取る。

外からは怖がりに見えても、実はまったくそうでないこともある。あるときには怖がりでも、別のときにはそうでないかもしれない。

確かに怖がりだったとしても、人間というのは変化し、自分をつくっていく存在だ。時間が経つうちに、それまでの自分の弱点を克服しているかもしれない。いや、そもそも、人を「あいつは怖がりだ」と一面的に見ること自体にも無理がある。

ところが、このタイプの人は自分の「見る目」に絶対的な自信を持っているので、始末に負えない。周囲の人が、「あの人はあなたが思っているような人ではない。もっと優れた人だ」とどんなに言い聞かせても、聞く耳を持たない。

32 行き当たりばったりバカ

うまくいく人の「段取り力」「想像力」とは

話にまとまりがないのも困るが、それ以上に困るのは、行動にまとまりがないことだ。一貫した方針で事を進めるのでなく、行き当たりばったりに準備もなくはじめ、その場に応じて行動する。そのように行き当たりばったりに行動する人がいる。

このタイプの人は、まず**段取りができない**。

物事を一貫させるためには、前もって段取りをしておく必要がある。何が必要か、誰がどこで待機して、何を担当するか、不測の事態が起こった場合、誰がどのように対応するかを予想し、それを準備する。これまで何度もしてきたことを繰り返す場合には、前に準備したものをそのまま用意すればよいが、初めての経験の場合には、どんな想定外のことが起こりうるかを考えておかなければならない。

ここで求められるのは想像力だ。起こることを一つ一つ思い浮かべ、様々なシミュレーションを頭の中で行わなければならない。うまくいっている場合だけではない。不測の事態にも備える必要がある。ところが、行き当たりばったりに行動する人は的確な想像力を持たない。だから段取りができず、起こった後で対応するしかなくなる。

想像力がないと、どうしても前例に頼る。特に緻密《ちみつ》に考えずに、これまでやってきたことをそのまま踏襲しようとする。これまでと異なる要素があったとしても、それを軽視し、準備を怠る。それがどのように起こるかも想像しようとしないし、そもそも疑問が浮かばない。その場に任せて行動しようとする。

その結果、仕事の現場についた途端に、集合時間と集合場所を正確に通知していなくて迷子になる人間が出たり、各自の所持物について確認していなかったために、忘れ物をした人がいたり、前回と違って今回は機材が準備していたものと異なっていることが発覚したり、イベント会場が前回よりも広くて担当者の人数が不足したり、客層がこれまでと違って高齢者中心なので準備した内容では不足だったりといったことが起こる。そのたびにあわててその場で修正したり、あきらめたりすることになる。

そうなるごとに、周囲の人々は、その企画のずさんさ、段取りの悪さにあきれることになる。

家族で子どもを遊園地に連れていく場合でも、段取りがよくないと、待ち時間やトイレの時間などを計算に入れていなかったために肝心のイベントに間に合わないこともあるだろう。遊園地の地図を把握していなかったために、行きたい場所が離れていて、異様に疲れてしまうこともあるだろう。食事時間が取れない場合もあるだろう。

そもそも、出かける前の準備に時間がかかって、渋滞に巻き込まれ、遊園地に着いたのが、予定していたよりも二時間も三時間も後であって、到着したときにはすでに疲れきっているといった事態も起こりかねない。結局は、段取りを怠ったばかりに、費やした時間と労力のわりに楽しめないで終わってしまう。このようなことも、前もって想像力を用いて段取りをしていれば、ある程度は予防できることだ。

想像力が欠如している場合だけではない。健全に想像力を働かせることのできない人が、想像力を妙に刺激されたときも、行き当たりばったりになる。

仕事の現場に到着したとき、誰かがふと「防災対策はきちんとできているんでしょうか」と口にする。すると、途端に頭の中で大災害が起こったときの状況がよぎって、心配が増幅する。そして、準備してきたことを変更する。それだけならいい。

行き当たりばったりの人間は、周囲の様々な声に影響され、想像力をかきたてられて不安になったり、興味を抱いたりして、方針を変えていく。「あそこのエレベーターが壊れたら、大変なことになるので、対策が必要だ」、「あそこに数人配置すると、もしかするとと注目する人が増えてうまくいくかもしれない」、「あのブースに置かせてもらったらいいのではないか」などといったことをその場で思いつき、想像力を刺激されて、それさえやればうまくいくような気がする。そして、**思いつきで実行しようとする。**

もちろん、その場その場の思いつきが大成功をもたらすこともある。だが、それが混乱を引き起こすことのほうが多い。そもそも、ここに書いたようなことは前もってその場所を訪れて想定し、健全な想像力を働かせて、前日までに準備をしておくべきことなのだ。

ところが、行き当たりばったりの人は、その場で思いつき、極端なことを想像して、すぐに実行に移そうとする。そして、それが実行できなかったり、すでに別のところに先約を取られていたりして、右往左往する。

そうこうするうちに、初めの理念や方法は忘れ去られ、その場の雰囲気に動かされるだけになってしまう。

そんなとき、周囲の人間は、行き当たりばったりの人間の無能さ、段取りの悪さ、その場その場の一貫しない対応にあきれてしまうのだが、それを行った本人は、行き当たりばったりに対応したことに満足していることもある。

33 話がずれていくバカ

「主語・述語を明確に」「一つのセンテンスを短く」すれば、ガラリと変わる

もっとも愚かだとみなされるのが、支離滅裂な話をする人だ。

無口ではない。むしろ、しゃべるのが好きな人も多い。ただ、内容がない。話題が幼稚なだけではない。そもそも何を言っているのかわからない。

支離滅裂な話には二つのパターンがある。

第一は、**5Wを明確にしないで自分一人でわかった気になって話すために、共通の情報を少しも共有できない**場合だ。

誰がどこでいつしたのかを明確にしないまま、主語もなく、「赤いワンピースを着てたのよ」などと言い出す。そのあとで説明があるのかと思うと、それなしに話が展開していく。場合によっては、そこに「さっちゃん」という心当たりのない登場人物が顔を出して何かを始めたりする。

しかも、登場人物は二人だとばかり思っていると、どうやら三人だったり四人だったり、

中に中年の男性が含まれていたりする。誰かが誰かに文句を言ってけんかになったというような少々複雑な話を、状況抜きに語るので、聞いているほうは、いよいよわからなくなってくる。

時には「係長」という名前が出てくるので当然一人のことを語っていると思っていると、A係長とB係長とC係長をすべて「係長」と呼んでいたりする。

「係長ったら、書類がひどいって怒ったのよ。そしたら、係長がそれに文句を言って謝らせたの。係長はどうしていいかわからなくなって係長のところに相談に行ったんだって」

しかし、話している当人は、みんなが了解しているものと思い込んで話し続ける。

もう一つは、**話題がどんどんとずれていく**パターンだ。

昨日行ったレストランの話かと思って聞いていると、そのときに着ていた服の話になり、その服を勧めてくれた友人の話に移り、その友人の友人がテレビに出演する話になり、次に有名タレントの話になる。時には、はじめのうちは「Aちゃんはイヤな人」というエピソードとして話していたはずなのに、いつの間にか「Aちゃんにはお世話になった」という話になっていたりする。

しかも、このタイプの話をする人は**センテンスを区切らずに、一文で語るので、聞くほ**

うとしては、何を言いたいのかわからない。しかも、一つのセンテンスで語るので、「もう、いい加減にやめてくれ」とも「それって、どういうこと？」とも合いの手を入れるタイミングが見つからない。話が終わった後に、「オチは何なの？」と聞きたくなってくる。

仲良し数人で旅行の相談している。伊豆がいいか日光がいいか、それとも関西まで足を延ばすか、いっそのこと四国にでも行くか。日程、料金、景勝地、温泉の質などを話している。そのなかに話がずれていく人がいると、なかなか話が進まない。

日光に行こうかと考えているとき、かつて自分が日光を訪れたときのエピソードを話し始める。もちろん、それが今回の旅の参考になればよい。そのつもりで話しているのであればいい。ところがそんなつもりは毛頭ない。単に小学校の修学旅行で日光に行ったときのささいなエピソードでしかない。友達の固有名詞まで出して楽しそうに話す。

横道にそれるのが同僚か目下の人であれば、途中でとどめて話を進めるが、それが目上の人の場合にはそうもいかない。ひとしきり話が終わるのを待って、本来の話題に戻す。

もし、旅の計画を立てている数人の中に、横道にそれる人が二人以上いたら、その話し合いはまとまらない。何度会って話をしても無駄話で終わって埒《らち》が明かず、最後には、リーダーとなっている、この中で最も有能な人間が一人で決めて、ほかの人に指示をせざるを得ない状況に立ち至るだろう。

この二つのパターンが合体している人もいる。そうなると、誰にも理解できない外国語を一人でしゃべっているに等しい状況になる。

ただ、意外なことに、このようなタイプの人間が二人でそれぞれに支離滅裂な話をしているのに、互いにわかりあっているような場面に遭遇して驚くことがある。きっと愚かな人同士は波長が合って理解しあえるということだろう。

34

みんな知っていることを長々と説明するバカ

なぜ、無駄に話が長くなるのか

わざわざ言ってくれなくてもいいこと、すでにみんなが知っていること、当たり前のことを長々と説明し続ける人がいる。

誰かが上司の意見を聞く。イエスかノーかを答えてほしいと思っている。それさえ答えてくれれば、その理由くらいわかっている。たとえば、「そろそろ撤去しましょうか」と尋ねれば、これ以上仕事を続けても客が来そうになく、待機している人間の疲労と労力がかさむだけだということはみんなにわかっている。そのようなことは承知のうえで尋ねている。

ところが、このタイプの人は、イエス・ノーを答えた後に、今さら説明されなくてもみんながわかっている理由を丁寧につけ加えて、「そうだね。そろそろ撤退するほうがいいだろうね。なぜかというと、このままいても、きっと客があまり来ないだろうからね。それに……」などと悠長に話し続ける。

ほとんどの場合、聞いている側が「はい、わかりました」と大声で言えば、多くの人は説明をやめるのだが、このタイプの人は、それでもやめずにまだ続ける。

そこにいる人みんながそんなことはわかりきっているので、すぐにその場を立ち去って、その後の対処をしようと思っているのに、このタイプの人はまるで自分だけが知っているかのように理由を話し続ける。

このタイプの人の行動について少しでも非難めいたことを語ると、一層話は面倒になってくる。このタイプの人はしつこく弁明する。

普通なら、「私はこういうつもりでした」ということを簡単に説明するだけで、相手も了解する。それを聞いた時点で、決断の理由もわかっている。周囲にいるのはそれについてずっと対応してきた人間ばかりなので、話している本人以上に状況についてはわかっている。しかし、そのタイプの人間は、**無知な人に対するようにそれについて基本的なことを話し続ける。**

先に結論を答えていればまだいい。中には、**明確な結論を後回しにして、先にじっくりと根拠を言う人もいる。**聞いているほうはいつまでも結論がわからないので、イライラする。相手が部下なら、「さっさと結論を言え」と促すことができるが、目上の人ではそうはいかない。

そこにいない人に向かって言うべきことを長々と語る人もいる。

たとえば、会社にとって大事な日に欠勤者が多かったとする。言うまでもなく、その場にいるのは、その日出勤した人ばかりだ。欠勤している人がその場にいるはずもない。

それなのに、このタイプの人は長々と、「こんな大事なときに欠勤するなどなにごとか。体調を崩したとしても、それはいかにたるんでいるかということだ。この日に合わせて体調を整えてこそ、私たちの仲間だ」などと説教する。

もちろん、その場に居合わせる者には何も関係のない説教なのだが、語っている本人はだんだんと激してきて、まさしく目の前にいる人間を叱りとばす勢いで語っている。聞いている者は「私には関係のないことだ」と言いたいのをぐっと我慢することになる。

35

ロンド形式バカ

「同じ話を繰り返す」三つの原因

ロンドという音楽形式がある。ベートーヴェンの「エリーゼのために」などが典型的だ。最初に印象的なひとまとまりのメロディが聞こえ、次に別のメロディになるが、しばらくするとまた最初のメロディが繰り返され、それが何度も繰り返される形式だ。同じメロディが回るように繰り返されるため、日本語では「輪舞」と訳される。

まるでロンド形式のような話をする人がいる。

「電車が遅れて遅刻してしまいましてね。山手線で架線事故があったようで、しばらく止まっていたんですよ。ホームで三〇分も待ってイライラしましたよ」と出会ったとたんに言い出す。

約束の時間に遅れて到着したのであれば、もちろん、そのような言い訳をする必要がある。それは当然のことだ。それはいい。だが、話がひと区切りするごとにまた同じことを言い出す。仕事を話がひと段落すると、また「電車が遅れて遅刻してしまいましてね。山手線で架線事故があったようで……」と言い出す。それで終わりかと思っていると、また別の話がひと段落すると、「電車が遅れて遅刻してしまいましてね。山手線で架線事故があったようで……」と繰り返す。これでは、バカと思われても仕方がない。

いや、一つの話がワンフレーズかツーフレーズであれば、まだいい。あるいは、多少のバリエーションがあるのならそれでもいい。ひとまとまりが一分くらいかかるような話をまったく同じ内容で同じ口調で繰り返す。

中には、ロンド形式どころか、最初の話が終わったとたんに同じフレーズを繰り返す人もいる。CMに、まったく同じ内容を二度続けて、お金を節約しながら印象付けようとするものがあるが、それと同じで、音楽の反復記号でもついていたかのように、そのまま繰り返す。これではいつまでたっても話が先に進まない。

それどころか、三つくらいの話をそれぞれ三回ずつくらい繰り返す人もいる。一回ずつであれば五分くらいですむところを、三回ずつ繰り返すので一五分以上かかったりする。

このような話し方をするのは、三つの場合が考えられる。

第一は**自分の話に念を押したい**場合だ。遅刻して申し訳なかったということを心を込めて詫《わ》びたいと思っている。だから、一回言っただけでは誠意が伝わらないような気がする。

だから、繰り返して言う。

第二の場合は、**上手に話を終えることができない**場合だ。まとまりをつけて話を終わりにできればそこで終わるのだが、音楽における最後の和音のようにうまく終わりにできない。だから、何か言い足りない気がしてまた同じことを言ってしまう。それを繰り返す。

第三の場合は、**本当に話をしているうちに、前に話したことを忘れてしまう**場合だ。この場合は自分で繰り返して話している自覚がない人だ。だが、実際には第一の場合と第二の場合がほとんどだろう。おそらく自覚したうえで繰り返し話している。

だが、いずれにせよ、このタイプの人が困るのは、時間の効率が極端に悪いことだ。かなり長い時間一緒に過ごしていても、同じことを何度も繰り返しているので情報量が少ない。無駄話をしている分にはそれでもかまわないが、忙しいビジネスマンがこれでは相手が困ってしまう。

36 二極化思考バカ

なんでも「全か無か」「勝ち負け」で考えないと気がすまない人

伝説の漫画＝アニメ『巨人の星』を知る人は多いだろう。この物語ほど「全か無か」「白か黒か」という二項対立の顕著な例はほかにない。

主人公・星飛雄馬は高校一年生で甲子園大会に出場し、血染めのボールを投げながら決勝戦で敗れる。ふつうに考えれば、準優勝校のエースであればプロ球団から注目されるはずなのに、この漫画＝アニメでは、優勝校のエースは騒がれるが、星飛雄馬は優勝できなかったばかりに脚光を浴びることなく、仕方なしに巨人軍にテスト生として入団する。

星飛雄馬は投手として入団後、三つの大リーグボールという名の魔球を開発する。それぞれの大リーグボールはライバルであるバッターによって打たれて封印される。ふつうに考えれば、三つも魔球があるのなら、一度敗れただけでやめてしまうのではなく、通常の速球や変化球と織り交ぜて使えば無敵だと思うのだが、一度打たれただけで敗北したことになり、二度と大リーグボールは投げなくなってしまう。

『巨人の星』は**「勝ち・負け」という二項対立に基づき、勝てばすべてを得ることができ、負けるとすべてを失うという論理が貫かれている。**これは原作者である梶原一騎特有の思考法だろう。武道の価値観に基づいているのかもしれない。

『巨人の星』は漫画なのだから、これについてとやかく言うことはない。だが、一般の人間が現実世界でこのような全か無かの二項対立で行動していたのでは問題だ。

誰かが何かをして失敗する。その場合、次に行うときにどう工夫するか、どう改善するかが問題になるはずだ。ところが、このタイプの人がその上司だったりすると、うまくいっているときには「もっとやれやれ」とはやし立て、失敗するとすぐに、「そんなことならもうやめてしまえ」と言い出す。

子どもが塾に通っている。成績が上がると、親は「この塾はとてもいい」と喜ぶ。が、少し成績が下がると、「こんな塾に通っても無駄だ。すぐにやめろ」と言い出す。子どもが塾を休んだりした場合も、「そんなにやる気がないのなら、もう金輪際《こんりんざい》、勉強なんかするな」と叱りつける。**なにかというと、「やめてしまえ」「そんなのはダメに決まっているだろ」などと言って、相手の行動をゼロにしてしまう**のがこのタイプの人の傾向だ。

他者に対して攻撃的に「やめてしまえ」と言うのはまだいい。もっと問題なのは、自分自身で「もうやめてしまおう」と思ってしまうことだ。**何かに失敗すると、すべてをリセットしてしまおうとする。**すぐにあきらめて、「もうイヤだ。この仕事では自分は生きていけない」と考えてしまう。少しずつ努力することを考えず、すべてを放り出そうとする。イエスかノーか、賛成か反対か、するべきかするべきでないかの二項対立もしばしば用いられる。

言うまでもなく、これからの社会ではイエス・ノー、賛成・反対を明確にする必要がある。中途半端にして、明確に白黒つけずに済ますことは許されない。上手に二項対立を用いることによって論理的に思考することができる。

だが、単純な二項対立を立てて物事を決めつけていたのでは、知的とは言えない。**二項対立を絶対視する人は、しばしば「やりたいのか、やめたいのか、はっきりしろ」と他者に迫る。様々な条件、これからの対策などを一切抜きにして答えだけを求める。**つまりは、言い換えれば「黙って従うか、それとも反対派にまわるか、ここで決めろ」と強制しているわけだ。このタイプの人はそのような思考法に陥りやすい。

二項対立的な思考は論理の基本だ。だが、それを愚かに使うと、非論理の基本に陥ることを忘れてはならない。

第5章

「誰にでもいい顔をする」と残念なことになる

第1章で紹介したように、自分の存在を何よりも重視し、自分を高く見せようとする人がいる一方で、できるだけ他者に嫌われないことを第一に心がけ、自己主張せず、周囲と和して生きていこうとする人々がいる。

このような心掛けは、もちろん大事なことだ。嫌われるよりも嫌われないほうがいいに決まっている。嫌われないほうが周囲と折り合いをつけてうまくやっていけるし、そもそもストレスを感じなくてすむ。しかも、そのように和を心掛け、謙虚さを保って物静かでいることこそが、日本人の美徳でもある。

だが、それが行きすぎてしまっては意味がない。それどころか、本末転倒ということになる。

世の中には、人から嫌われないで周囲の人々から重んじられることを願って行動するあまり、逆に人から軽んじられ、バカにされている人がなんと多いことか。

37

引っ込み思案バカ

周りから「浮きたくない」とチャンスを逃す愚

積極的すぎてでしゃばりなのも困りものだ。できもしないのに率先して実行して失敗してしまったり、大勢の前で愚かなことを語って失笑を買ったりする。

だが、これからの社会、積極的なほうが引っ込み思案よりもいい。たとえば、私はかつてフランス文学を学んでいたが、できもしないのに前に出て下手なフランス語を話そうとしていた人はどんどんと会話力を伸ばしていく。

外国語だけではない。奥ゆかしくして物静かにしていた人はいつまでも他人との交流ができない。積極的に人にかかわっていくうちに、未熟な人も経験を積み、徐々にベテランになっていく。奥ゆかしくしていたら、いつまでも経験を積むことができず、成長することがない。

ところが、そうとわかっていても、まだ遠慮し、引っ込み思案を続ける人がいる。

このタイプの人は目立つことを恐れる。必要以上に恐れる。自分から申し出れば評価が高まるときでも、黙ったままでいる。

大学などで課題を出しても誰も答えようとしない。「この問題ができた人はいませんか」と尋ねてもひっそりしている。会社などで「これができる人はいませんか」などと言われても同じだ。自分の考えを示すのを恥ずかしがる。発言することによって大きな得をする場合でも、せっかくのチャンスをみすみす逃してしまう。

このようにする人の中には二種類のタイプがいる。一つは、本当に自分に力がないと思い込んでいる人だ。自分の出した答えにまったく自信がない。だから、挑戦しようとしない。謙虚すぎて、自分の力を過小評価しているわけだ。**せっかくの自分を生かす機会を逃し、自分の枠に閉じこもっているという点で、きわめて残念なことといえるだろう。**

もっと愚かなのは、もう一つのタイプだ。自信は持っている。ほかの人よりも自分のほうができると思っている。それなのに、自信があると思われること自体が恥ずかしい。そのような態度を見せると、周囲から浮きそうな気がする。だから、謙虚なふりをする。一度断っても、そのうち無理やりにもう一度依頼してもらえないだろうかと期待している。そうして、心の葛藤を抱きながら、積極的になれない。

ところが、このようにいつまでも引っ込み思案を続け、能力を発揮できず、いつも物怖《ものお》じしていたのでは、周囲から「使えない人間」とみなされ、相手にされなくなる。

いや、それだけなら単に物静かでおとなしい「できない人」と思われるだけだが、中には積極的に発言して仕事を得ている人に対して嫉妬し、陰口をたたく人がいる。

自分が引っ込み思案であるために自ら仕事を辞退したにもかかわらず、積極的に仕事を得た人に対して、「あの人、生意気」「できもしないくせにでしゃばる」などと言って陰湿に嫌う。時には意地悪な行動をとる。

そう思うくらいなら引っ込み思案にしなければよいと周囲は思うのだが、それができない。いつまでたっても、自分は陰にいて、日向《ひなた》に出る人をいびろうとする。最も悪質な人間に堕してしまう。

38

断れないバカ

〝いい人〟は、かえって他人から軽んじられる

たくさんの仕事を引き受けて着々とこなす……というのは、もちろん有能な人の特質だ。日本社会では、どうしても有能な人間に仕事が集中する。無能な人間が何も仕事をしないでぶらぶらしているときに、有能な人は多くの仕事をしている。

だが、かといって何もかも引き受けて、自分の時間をつくれないのはどうか。そのような人は周囲から「便利な人」として扱われることになり、誰からも高い評価は受けなくなるだろう。きっとそのような人が依頼される仕事というのは、徐々に、誰にでもできる雑用であったり、有能な人が面倒くさがる仕事だったりといったことになるだろう。

このタイプの人は単に人の依頼を断れないだけなのだ。今度こそ断ろうと思っても、相手に説得されると、つい引き受けてしまう。論理的に仕事の必要性を説明される場合もあるだろうし、泣きつかれる場合もあるだろう。強く命令されるだけの場合もあるだろう。

だが、相手は「あの人に頼めば、はじめのうちは渋っていても、最後には必ず引き受け

てくれる」と思っているから、一度や二度断られてもひるまない。そうこうするうちに、**「便利な人間」として使われるようになってしまう**わけだ。

このタイプには二種類の人間がいる。

一つは、内心では依頼された仕事を嫌がっているが、それを口に出せずに仕方なしに引き受けている場合だ。もう一つは、本心では頼りにされることを決して嫌がっているわけではなく、口では、「いい加減にしてくださいよ。私、寝る暇もないんですよ」と言いながら、また依頼されると、ついその気になってやってしまうタイプだ。

もちろん戦略的にそうしているのならいい。今のうちは引き受けておいて存在感を高めておいて、後になったらもっと別の態度をとろうとしているのなら、まだ救いがある。

ところが、このタイプの人の多くはそのような戦略もない。ただ、頼まれた仕事をきちんとこなす。そうこうしているうちに、**むしろ存在感を弱めてしまう。**

このタイプの人が断れないのは仕事だけではない。すべての依頼、すべての指示に対してすぐになびいてしまう。金を貸してほしい、ついでに買い物をしてほしい、浮気のアリバイ作りの証人になってほしいなどの依頼を受ける。こうなったら、いかに軽んじられているかわかりそうなものなのに、それでも、まじめに依頼をこなそうとする。

39 「なんか気がする」バカ

“ぼかし言葉”を使うと、なぜバカに見えるのか

「なんか気がする」という表現を多用する人がいる。ほとんどが若者だが、時に年配の人間が使うことがある。

「なんか、これじゃダメな気がするなあ」「なんか、間違っているような気がするんだけどなあ」「これ、なんかおかしいと思うんだけどなあ」「なんか変だよ」「なんかつまんない」「なんかおもしろくない」といったふうに用いる。

なぜだか理由をはっきりとは言えない。だが、そんな気持ちになる。そんなときに用いる。もちろん、「なんか」は「何か」「何となく」「何とはなしに」という意味にほかならない。

中には、「なんか」がほとんど癖になっている人がいる。

「なんか映画を見たいと思ってるんだけど、なんか先にどこか行って、なんかおもしろいことをして、なんか歩いて、なんか映画館に行くと、なんかいいと思うんだけど」などと

話す。年配の人が「えー」「あのう」と言うのと同じように、この言葉を使っているのだろう。

「なんか」ではなくて、「なんとなく」などを用いる人もいる。これはきちんとした日本語であるだけにいくらかましだとはいえ、知的に見えないことに変わりはない。

この言葉には二つの用法がある。**一つはぼかし言葉としての用法だ。**

「これは変だ」「つまらない」「君は間違えている」と断言すると、相手を傷つける。それをぼかすために、日本人的な思いやりをこめて、「なんか」という曖昧《あいまい》な言葉を用いる。それが口癖になってしまっているわけだ。

ぼかして曖昧に語る用法はまだましだ。ほとんどの場合、自分でもはっきり言えないがゆえに、これを用いる。

上司に、「なんか変だから、考え直してくれ」と言われても、言われたほうは困ってしまう。理由を言ってくれないと、修正のしようがない。それなのに、これで通用すると思っている。

とりわけ、この「なんか」は何かを批判するときに使われることが多い。「なんかおもしろい」「なんかいい感じ」などと用いられることは少ない。ほとんどの場合、

「なんかおもしろくない」「なんか退屈」「なんか物足りない」などと使われる。

しかし、非難されているほうからすると、「なんか」で済まされたのではかなわない。ほめるときには「なんか」でもいいだろう。しかし、**批判するときには、「なんか」ではあまりに無責任だ。**これでは、他者を非難する資格はない。非難するときには、きちんとどこがどのようによくないのかを明確にする必要がある。それができなければ、非難してはならない。

同じような用法に、「どこかしら」「それとなく」などの用法がある。いずれも、**自分の責任の所在を曖昧にしたまま意見を言おうとする表現だ。**このような表現を多用しているということ自体、社会人としてふさわしくない。

40 リップサービスしてしまうバカ

行動が伴わず口だけの〝愚かな善〟とは

話し相手の気を引くためにリップサービスをする人がいる。もちろん、ある程度のリップサービスはやむを得ない。社会はそのような関係から成り立っている。心になくても、「ぜひ、一度、我が家においでください。歓待します」「今度、ぜひ飲みに行きましょう。いい店に案内しますよ」「私たちはみんな社長の寛大なお心づかいに感服しています」というくらいのことは言わなければ、世の中は回っていかない。それをうまく言えるかどうかが、個人の社会的な信頼度にかかわっている。社会の中で一定の役割を果たすためには、どしどし言うべきだ。

とはいえ、それが度を越すと、どうだろうか。送る気がないのに、出会う人に「今度、お土産を送ります」などと言ってしまう。一度であれば、つい忘れてしまったのだろうなどと思ってもらえるが、それを続けていると、「口先だけの人」とみなされ、信用を失っていく。

それくらいなら、まだいい。安易に相手が喜びそうなことを言ってしまって大変なことになることがある。「安心してください。私が最後まで責任をもって面倒を見ますから」「悪いようにはしません。大丈夫ですよ。私がやりとげます」などと言う。

先のことを考えないで、きっと心からの善意によってそのように言っているのだろう。だが、覚悟をもってそのようなことを語っているわけではない。実際に責任を持つとなると、多くの労力、多大な資金力が必要だ。後になって、そのようなことを約束できないことに気づくことになるのだが、つい言ってしまうのだ。

このような行為は二重の意味で知性を疑われる。

第一に責任を取れないことを言ってしまっていることだ。

第二に、このように口にするということは、ふだん責任を取る必要のある仕事につかず、安易なことを口にしてもかまわない仕事をしていることを自ら告白していることを示している。ふだんから責任ある地位にいたら、このようなことを口にできるはずがないのだ。

しかも、このタイプの人は、相手も自分と同じように遠慮深くて控えめだと感じているのだろう。相手が図々しい人間だなどと思っていない。そのために、相手が断ってくれることを期待して「私が全額出しますよ」などと言ってしまう。

もちろん、それが夕食代金くらいならたいしたことはない。ところが、もっと大きな金額の場合も、つい気持ちが大きくなって相手を喜ばせたい気持ちになる。

私の知り合いに、高齢の親戚を前にして、「老後のことは心配しなくていいですよ。私たちが悪いようにはしませんから」と口にした人がいる。本人はもちろん、善意からそう語っている。しかも、それほど大きなこととは思っていない。ところが、その高齢者はそれを本気にし、それに頼ってそれを口にした本人の自宅まで援助を求めに来たということだ。

これは善意に見えて、むしろ結果的にはきわめて残酷だ。困った人に安易に希望を与えてしまっている。安易に言ったことが、大きな約束違反になり、絶望の種になり、今後の計画の大きな支障になってしまう。

そうではなくても、安易に相手に同意し、関心を示して、後になって引っ込みがつかなくなることもある。

相手が趣味の話をしている。「素晴らしい趣味ですねえ。私もやってみようかな。今度、ぜひ手ほどきしてくださいよ」、「前から釣りをしたいと思っていたんですよ。おもしろそうですねえ。ぜひ、誘ってください」などと言い出す。まさか、相手が本気に誘ってくるとは思っていない。が、誘われて、関心もないのにつき合わなければならなくなることがある。それどころか、高価な道具一式を購入したり、そもそも、言い出した人が使わなくなった道具を少しだけ安い値段で引き取ったりしなければならない羽目にも陥る。

しかし、間違いなくリップサービスをしてしまったために、今さら「私には関心がない」などとも言えずに、ずっと関心のあるふりを続ける。

しかも、このタイプの人は一人二人ではなく、多くの人間にいい顔をしている。まさしく八方美人。だから、相手によって、将棋や釣りや旅行や温泉や食べ歩きや飲み歩きなどの様々な趣味の約束をしているものだ。

そうこうするうち、すべての趣味につき合うことができず、どれも中途半端に終わってしまう。実際にはたいして興味がなかったこと、あるいは実は飽きやすいということを印象付けただけで、関係は終わってしまう。

第6章

まわりの人があきれる「幼稚な思考」

かつては一人前の大人になると、社会的義務を果たし、死者を弔い、子どもを育てるなどして、甘えの許されない状況に立たされざるを得なかった。それを行ううちに社会を支える大人としての自覚が生まれてきた。

ところが、現代社会ではそのような社会的訓練なしに生きていける。そのため、甘ったれが多くなった。社会人としての自覚がなく、いつまでも保護されたままでいる。責任を持たず、義務も負わず、自分勝手なことをして、失敗したら逃げ出してしまう。

自分の失敗の後始末を他人にしてもらっても、それを当然と考えている。それどころか、周囲の人がお母さんのように面倒を見てくれないことに逆ギレしてしまうこともある。世の中を甘く見て、自分だけは何とかうまく生きていけると思い込んでいる。周囲に助けてもらって、やっとなんとかできているのに、自分では一人前だと思い込んでいる。

そんな甘ったれたちが愚かなことをし続けている。そのあまりの無責任ぶりに周囲はあきれているが、本人は気づいていない。

41 先延ばしバカ

なかなか決断できないのは「甘え」から

生きていくには、決断が必要だ。人間たるもの、日々、決断をして生きている。何を着ていくか、何を食べるか、人と出会ったとき、話しかけるか話しかけないか、何を話すか。ある行動をするか、どんな仕事をするか、どんなメールを出すか、電話をするか。生きるとは決断の連続といって間違いない。

誰しも決断のつかないことがある。二者択一を迫られているが、どちらを選んでよいかわからない。どちらにもプラス・マイナスがありそうなので、決断を先延ばしにする。周囲の変化が起こってどちらを選ぶべきかが明らかになるのを待ちたい気持ちになる。多くの人がそのような状況を経験しているだろう。

ところが、常に決断できず、いつまでたってもずるずると期限が迫るのを待つ人がいる。「優柔不断」というのとは違う。むしろ**「決断放棄」**というほうが正しい。

このタイプの人は、事態が決するまで自分で決断することがない。事態が悪化して、そろそろ決断しなければならなくなっても、まだ動こうとしない。見ないふりをしているのだろう。事態に気づかないはずのない状態になっても、まるで何もなかったかのようにふるまう。

たとえば、子どもができたので住居の移転をしたいと考える。ネットで情報を見てみるが、決断がつかない。配偶者にどうするのか迫られても、「どうしようかねえ」と曖昧な言葉を続けるだけで、何もしようとしない。しようとしても、踏ん切りがつかずにやめる。なにも家の移転という大きな計画だとは限らない。駅から家に帰るまでのどこかのレストランで夕食を済ませようとする。歩いていく途中いくつか候補になりそうな店を見つける。だが、入ろうという気にならない。どこに入っても一長一短ありそうな気がして、入る決断ができない。結局、腹を空かせたまま家に戻り、残り物を食べて済ませることになってしまう。

このタイプの人は、決断しなくて済むように、日々同じ生活を続けようとする。同じ生活を続けるのであれば、一つの行動について一度決断すればよい。いや、一度も決断しなかった結果かもしれない。ともあれ一度起こったら、それを続ければよい。逆に言えば、**日々同じ行動を続ける習慣のある人は、決断するのを恐れている人だ**ということもできる。

このタイプの人は、他人に甘えることが多い。進学するか就職するか、どこに就職するかを考えているときも、最後まで結論を出さない。これ以上引き延ばすとどうにもならないときになって、教員であったり、仕事先の人間であったりの誰かが助けに入る。時には家族が口を出して、「いくらなんでもそろそろ決めろ」と迫る。あるいは、いくつかの学校を受験してみて、その合否の結果に身を任せることになる。

このタイプの人はみすみすチャンスを逃している。きっとほかのどの家よりも素晴らしい家、入ってみると満足するレストランがあっただろう。だが、入る勇気が出ないために、そのチャンスを自分でつぶしてしまう。そして、常に時機を逸してしまっている。

42

言いたいことが言えないバカ

「他人の顔色をうかがう」のをやめれば、決断力は上がる

社会の中で生きていくには、他者を傷つけることから逃げることはできない。

生活のパートナーや仕事のパートナーを選んだということは、選ばれなかった人を傷つけることにつながるだろう。ある人の料理を一番おいしいと評価するということは、場合によっては二番め以下の料理を作った人を傷つけたことになるかもしれない。

それどころか、あなたが誰かに高い評価を受けたということは、あなた以外の評価されなかった人を傷つけることを意味する。あなたが昇進したら、あなたをライバルと思っていた多くの人は深く傷ついているだろう。

私たちは意識するしないにかかわらず、他者を傷つけながら生きている。生きることは人を傷つけることでもある。人を傷つけることを避けていたら、何一つできない。

それなのに、人を傷つけることを怖がる人がいる。**できるだけ人を傷つけまいと考えて生きている。その結果、大事な決断ができない。**

人を叱るとき、叱られる人間は必ず傷つく。だから、他者を傷つけられない人間は人を叱ることができない。叱ったら、気分を害するのではないかと心配になる。自分が我慢していればよいのだからここは黙っていようと思って、自分の気持ちをのみ込んでしまう。時には、泣き寝入りに近い形になる。

このタイプの人は、叱らなければ一歩たりとも先に進まない事態に陥って、やっと叱る。しかもそのときにも、遠慮がちにまるで自分のほうが悪かったように言い訳をしながら語る。「私にも非があるんだけど」「確認しなかった私に責任があるんだけど」「これまで何も言わなかった私が悪かったんだけど」などと言い出す。

それでも、しっかりと相手の欠点を指摘して注意するのならいい。このタイプの人は相手の顔色をうかがいながら、機嫌を害しそうになったら、すぐに語気を弱める。相手が反論に出ると際限なく妥協する。そうこうするうち、目下の人からもナメられ、尊重されなくなり、いてもいなくてもいい存在として扱われてしまう。

このタイプの人が他者と交渉して何かを決めるときには、**肝心なところを曖昧にする傾向がある。**たとえば、「損失が出たときには、御社が責任を引き受け、赤字分を補填してほしい」という取り決めをしたいと思っているときも、それをはっきりと口に出すことができない。相手が自分からそのことを口にするのを待っている。シビアな交渉など、このタイプの人にはできない。もちろん、相手と論争することもできない。相手が気持ちよく仕事をすることだけを心掛けている。

　何人かで取り決めをするときも、みんなの顔色をうかがって決めようとするので、中途半端な決定にしようとする。A案、B案、C案の三つのうちのどれかを決めるようなとき、このタイプの人は、三つを午前、午後、夜にすべてやるというような結論にして、結局、すべてをダメにしてしまう。みんなの顔色をうかがうので、一つに決めることができず、みんなの意見を入れるうちに、誰にとってもよくないものにしてしまうわけだ。

　ビジネスの場面で、最終的に話を詰めるときも、肝心なことをぼかそうとする。そのことこそしっかりと取り決め、曖昧さのないようにしなければいけないのに、それを怠る。それを言うと、誰かの心を傷つけるのではないかと恐れる。対立が起こって、せっかくの和やかな雰囲気が壊れるのが恐ろしい。

　会社などの組織ではそのような態度は通用しない。しかし、たとえ会社でなくても、このような態度を続けると、せっかくの善意であっても相手に通用しない。むしろ、使い物にならない人間とみなされることになる。

43
真正直バカ
言ってはいけないことを言ってしまう理由

一般的にいえば、正直なのはよいことだ。ウソをつくと、あちこちで矛盾が出てきて、そのうち信用を失ってしまう。騙しおおせることはほとんどないと思って間違いない。とりわけ、現代ではすべてにおいて透明性が求められる。隠し事は悪い結果をもたらすことが多い。ウソをつくことは、道徳的に好ましくないだけでなく、長い目で見れば、むしろ損をすることが多い。

だが、何もかも真っ正直に生きる人間は、ときにはウソつきよりももっと困る。

このタイプの人は、きっと子どものころからウソをつくのが悪徳だと言われて育てられたのだろう。できるだけ誠実であろうとし、自分に対しても他者に対しても、ウソをつこうとしない。聞かれれば、できるだけ本当のことを語り、誇張もしないし、心の中で考えただけのことでさえも、真実を語ろうとする。

「本当を言うと、そんなこと、無理に決まっているんですけどね。まあ、社内的にはそう言わないわけにはいかないな」などと本音を語る。

「実はまったく自信がないんだけど、まあやってみましょう」などと言うこともある。

もちろん、相手を見て本音を言ってよい人には言い、そうでない人には隠しているのならいい。あるいは、このような語り方をして戦略的に信頼を得ようとしているのならいい。ところが、真っ正直な人は、**誰に対してもこのような同じ対応をする。**

言うまでもなく、世の中には秘密が必要だ。他社に先駆けて開発している事業について人に聞かれて、素直に話してしまったら、ビジネスマンとして失格としか言いようがない。家族にも言ってはならない秘密があり、それをさらしてしまうと家族の信用を失うだろう。本音をすべて口に出し、すべてを明るみに出したら、すべての家庭はその日のうちに崩壊するだろう。それぞれの組織には秘密があり、口外してはならないことがある。役割に従って、本音を示してはならないことがある。

あるいは、就職試験の面接の際、たとえ「別にこんなところに入りたくもないんだけど、ほかのところが全部落ちてどうしようもないから、我ながら情けないと思いながらここを受けている」というのが本音だとしても、それを言ってはならない。第一志望であるとしっかりとアピールしないと採用されない。

ところが、このタイプの人はそれができない。本来、このような人はビジネスマンには少なかった。大学院に進んだり職人になったりして、企業には進まないはずだった。ところが、最近では、このタイプが増えてきている。**ウソを嫌う社会の一つの現象かもしれない。**

口が軽いわけではない。おしゃべりというわけでもない。自分から他人に秘密を口外することはない。だが、聞かれるとウソはつけない。役割上、ウソをつかなければならないときには、表情にそれが見えてしまう。

しかも、このタイプの人は自分が誠実でまじめであるため、他人の話を真に受ける傾向が強い。先に示したウソつきの言葉にまんまと騙され、疑うことがない。後で、ウソがばれても、「いや、あの人に限ってそんなことはあるはずがない」と、あくまでも信じようとする。そして、ときにどんどんと深みにはまっていく。

これでは責任ある地位につかせることができない。どれほど仕事ができても、対外交渉を任せられない。それどころか、部下を持つような地位も与えられない。部下に対してすべて本音を言ってしまったら、上司の仕事は務まらない。

若いころならそれでも許されるかもしれないが、ある程度の地位を得たら、それは許されない。それを続けていたら、周囲が迷惑を被る。誰もその人を信用しなくなる。

44

リスクを考えないバカ

頭のいい人は「最悪の事態」から逆算する

何かを行動するとき、必ずリスクを考慮しておく必要がある。最悪の場合、どうすればよいのか、失敗したときにはどうするのか。壊れやすいものであれば予備を持ち、何かあったときのために連絡先を確認し、予定通りいかなかった場合にそなえて第二の手、第三の手を考えておいてこそ、現代社会ではふつうの仕事ができる。

ところが、そのようなリスクを考えない人がいる。すべて最高にうまくいったときのことばかりを考える。

大事な待ち合わせであっても、交通機関が順調に進むとみなして、約束の時間ぴったりに到着するように設定する。企画を立てるときも、最も楽天的な予想に基づいて可能性を考える。もしもの場合を考えて約束よりも前に到着したり、予備のものを持って鞄をいっぱいにして出張に出たりすることを「ダサい」と考えている。

もちろん、このような人たちもこれまでに何度も自分の楽天的な予想が外れて深刻な状況に陥ったことがあるはずだ。だが、そのたびに外的な偶然のせいにしてきただろう。あるいは他人のせいにしただろう。待ち合わせの場所に遅れて到着し、待っていた相手がどう思っているかも考えずに、「電車が遅れたから仕方がない」「その日、雨が降ったのだから仕方がない」などと臆面もなく口にしてきただろう。

過去にこのような失敗があっても、このタイプの人はまだ十分にリスクを考えない。他人に強く言われて、渋々リスクについて検討するが、その場合もおざなりになる。

おそらくこのタイプの人は根っから楽天的なのだろう。何を考えるにしてもプラス面ばかり見る癖がついている。そして、そうであるからこそ、仕事をする意欲がわき、次々と挑戦していく。マイナスのことを考えると、きっと想像力が働かなくなるのだろう。

このタイプの人は、順調に仕事が進んでいるときには能力を発揮できる傾向が強い。だが、人間、それほど順調にいくものではない。近いうちにしっぺ返しを受けることになる。リスクを想定していなかったがゆえに、取り返しのつかないような失敗をすることだろう。

このようなタイプの人は、一般的にはそれほど責任ある地位を任せられないが、何らかの事情があってこのタイプの人がある責任のある地位につくと、リスクを口にして、リスク回避を重視する部下を煙たがるようになる。

「私がこれほど積極的に攻めの作戦を考えているのに、なぜおまえは消極的なことばかり言うんだ。そんなちまちましたことばかり考えているから、おまえはダメなんだ」と怒り出したりする。

もし、それでもうまくいっているとすれば、リスク回避を重視する部下が支えているおかげだろう。だが、それに気づかない。自分の積極的な楽天性がうまくいっていると考えている。そして、いよいよ周囲の信頼をなくしてゆく。

45

優先順位を無視するバカ

大事なことを後回しにし、前に進めない三つの要因

喫緊《きっきん》の仕事があるのに、のんびりとルーティンの仕事をしている人をよく見かける。周囲の誰もが「今はそんな場合ではない。先にやらなければならないのはほかの仕事だ」と思って焦っているのに、その人はそんなことにはおかまいなしに別のことをしている。

私自身の経験ではないが、話に聞いたことがある。

ある中年の女性が自宅で大怪我《けが》をした。女性は動けなくなって痛がっている。折よく居合わせた友人があわてて救急車を呼んだ。しばらくして救急車が到着した。ところが、救急車で運ばれようとしている女性が、救急隊員を待たせて、着ている普段着のまま外に出るのはみっともないと考えたらしく、必死の形相で鏡のところまで行き、自分の身だしなみを整えようと始めたという。幸い、命にかかわる重傷ではなかったようだが、それでも決して軽傷ではなく、少なくともその時点では一刻を争う状況だったらしい。

つまり、その女性は自分の命にかかわる一刻を争う状況だったにもかかわらず、身だし

なみに時間を使おうとしたわけだ。

事なきを得たからよいようなものの、優先順位をつけられないために起こった悲劇といえるだろう。

これほどの人はめったにいないにしても、優先順位をつけられずに、最も大事なことをしないで余計なことをする人は少なくない。

これには三つのタイプがある。第一は、**何が大事なのかを理解しないタイプ**だ。単に情報を持っていなかったり、情報があっても理解力がなかったりして、状況を把握できない。つまり、事の重大性がわからないほど理解力がないということになる。

第二は、状況を把握し、何が大事であるかを理解しているが、ひょいとほかのことを思いついて、**大事なことを忘れてしまうタイプ**だ。大事な仕事を片づけている途中に、人と会って別の仕事を思いつき、そちらに夢中になる。それをするうちに、大事なことを忘れてしまう。

第三は、大事なこととわかってはいるが、**ある種の儀式があって、それを済まさなければ先に進めないタイプ**だ。今している仕事を終わらせなければ次の最重要の仕事に進めない。最重要なことはわかっている。それを忘れているわけではない。だが、それに進むためにはその前の仕事をしなければならないという強迫観念がある。焦ってはいるのだが、それをすることができない。

先ほどの救急車を待たせて身づくろいをする女性は、この最後のタイプに属するだろう。外出するときには身づくろいをするという大事な習慣を変えることができなかったということなのだ。

実際には、優先順位をつけられない人の中では、この第三のタイプが大半だろう。「この仕事を仕上げなければならない」とインプットされてしまったために、それを先に終わらせないと先に進めなくなっているわけだ。

46

社会をナメたバカ

「世の中を甘く見る」は一生の損

世の中をナメた態度をとる人間がいる。

公共道徳を無視して周囲の人に平気で迷惑をかける。禁煙区域でタバコを吸ったり、渋滞時に高速道路の路側帯を通行したり、立ち入り禁止、使用禁止の場所に堂々と立ち入って好き勝手なことをする。駅や電車の中で傍若無人の態度の人も多い。しかも、その人たちは、誰かに注意されると食ってかかって自己正当化する。

ある組織の少人数の研修を数回連続で行った講師に聞いた話だ。欠席してもとがめられることのない任意参加の研修だったらしく、三人の若い女性メンバーがしばしば欠席したという。

研修とはいえ、社会活動にかかわるので、欠席の際には前もってメールで通知するよう指示したところ、その三人全員からまったく同じ時刻に「本日は体調不良のため欠席させていただきます」という同じ文面のメールが届いたという。そして、その後も三人は「本日は家庭で緊急の用件があるため、欠席させていただきます」、「本日は会社での仕事がありますので、欠席させていただきます」というまったく同じ欠席理由で毎回行動を共にしたのだった。

たかが研修なので、欠席してもたいした問題にはならない、ウソがばれてもとがめられることはない、どうせ自分の身には大きな被害は及ばないに決まっている。そう思って、このようなナメた態度をとっていると考えられる。

おそらく、これまでひどい罰を受けたことがないのだろう。これまでは子どもだったので何をしても許されてきたのだろう。それを二十歳《ハタチ》を過ぎても続けているのだろう。しかも、それなりの要領を心得ている。どうすれば好かれるかも知っている。自分の生き方に自信も持っている。実際、最後の三人組に対しては、単なる研修講師では強い罰を与えることはできない。

このような人は自分勝手な行動をしているために、トクをしているように周囲には見える。「みんながルールを守って不自由を我慢しているのに、あの人たちだけ、好き勝手に行動してずるい」、「ほかの人が、あまり意味のない研修に出席させられているのに、あの人たちだけサボってずるい」などと周囲は思っているだろう。

だが、言うまでもないことだが、これらの人たちはトクしていない。むしろ、損をしている。このタイプの人は周囲の信頼を得られない。同じようなタイプの人は仲間意識を持てるだろうが、それ以外の人たちは、あきれ、身勝手な態度を軽蔑の目で見ているだろう。これは結果的に本人たちにとっても最大の不利益だろう。それなのに、本人たちはそれに気づかずにいる。

しかも、これらの人は、通常の倫理観を持っていないのだから、目上の人や社会の人々への尊敬の心を抱かない。自分へのプライドも持たない。それは結局自分の生き方そのものに表れてくるだろう。

社会を甘く見ると、いつかしっぺ返しを受ける。そのことがわかっていないがゆえに愚かなのだ。

第7章

頭は悪くないのに「教養」がない人

教養がないということと愚かであることはほぼ重なる。

教養がないとは、一義的には文化や芸術、学問について知識や関心がないことを言う。だから、世間話をする際にも、語彙《ごい》が少なかったり、言葉の用法が間違っていたり、敬語を使えなかったり、中学英語もまったく理解できなかったり、ベートーヴェンやゴッホの名前を知らなかったりしたら、バカに見えるだろう。

だが、それだけではない。知識はあっても、学歴はあっても教養のない人間は多い。教養がないと広い視野を持てない。必然的に自分の狭い価値観、自分の少ない経験だけが絶対になり、それ以外の世界に考えが及ばない。世間が狭くなり、考えが幼稚で、深い考えができないということになる。つまりは、愚かということになる。

世の中には、教養のない人がたくさんいる。教養がないと自分の教養のなさにも気づかないことが多い。教養がないと自覚することは、自分の知識や経験が絶対ではないという意識を持っているということであって、すでに無教養ではない。

だが、世間には無教養であるがゆえの愚かさが満ちあふれている。

47 話題が低レベルなバカ

芸能人のゴシップ、下ネタ、他人の悪口の教養度は？

世間話をする際、難しい事柄について語る必要はない。なにも芸術や経済について論じるのが知的な人というわけではない。喫茶店で何かの時間つぶしをしているときや温泉につかってゆっくりしているときに、芸術について高度な議論をしたり経済を論じたりするのはむしろ場を心得ない行為だろう。

かといって、あまりにレベルの低い話ばかりでは、相手は辟易《へきえき》する。バカと思われても仕方がないだろう。

寄るとたかると人のゴシップだったり悪口だったりという人々がいる。「私は嫌いというわけじゃないんだけどね」とか「あの人はあの人で言い分はあるんでしょうけど」などと前置きをしながら、その人の行動について中傷したり非難したり。

「俺はあいつのことを認めているんだよ。でもさ、あいつが上司におべっか使うところは見てられないよな」というように、ちょっと遠まわしに話を向けることも多い。

「家のことをほっといて、毎日、教養を高めていらっしゃるみたいだけど、私には信じられないわね」「ご家族にご理解があって、よろしいわね」などという皮肉が入ることも多い。

テレビタレントのゴシップについて語る人も多い。誰それが結婚した、誰それが離婚したということを語る。「あの二人、私も何かあると思ってたのよ」などと、芸能ゴシップ欄で読んだ情報をさも自分だけ知っているように話す。その話がおもしろければまだしも、ほとんどの人が思っていながら、ただ口にするのがあまりに陳腐なために誰も口に出さずにいたものであることが多い。

男性の場合は、女の話で盛り上がることが多い。どこそこの課の新人はかわいい、どこそこの店にいる子はきれいだということくらいなら罪はない。「バストが魅力的だ」という意味のことをもっと別の言葉を用いて語ったり、もっと卑猥《ひわい》なことについて語ったりする。しかも、近くに女性がいるのを意識してわざわざそのような内容を話したりする。

果ては、「あいつ、俺に気がありそうだ」「こないだ、俺のほうを見るときの目つきが違っていた」などという妄想を語りだしたりする。

女性の場合であれば、相手の服装や持ち物を「かわいいー」を連発しながらほめあうことになる。

それを単に話を盛り上げるための話題として使っているのならまだいい。居酒屋で酔っ払って語り合っているのなら、それも気晴らしの一つだろう。ところが、仕事場で本気でそのようなことを語って盛り上がっていたのでは、頭の程度が知られてしまう。

もちろん、そこにいる人の中にも、その話のレベルの低さに辟易している人もいるだろう。だが、仲間外れになるのが怖くて低いレベルの話を続けてしまう。人の悪口を語っている集団の場合、そこから抜けると、今度は自分が悪口を言われる番になってしまうのが怖いのだろう。

だが、その場にいるということは、自分も愚か者の一員ということだ。外から見ると同じ穴のムジナと見られてしまう。少し注意するほうがよい。

48 何でもテレビの話に持ち込むバカ

現実社会を見据える必要性

何でもテレビの次元で話をする人がいる。

未知の人のことを話題にすると、**「タレントでいうと、どんなタイプの人?」**と尋ねる。自分が誰かに会ったときも、必ずタレントにたとえて話をする。「ダウンタウンの松本みたいな顔をしていたけれど、話し方はＮＨＫの○○アナみたいだったな」などと言う。

恋をしている話をすると、**「相手の人って、タレントでいうと、誰に似てる?」**と尋ねる。雰囲気の似ているタレントを思い出して、「一番近いのは、真木よう子ですかねえ」などと返事をぼかしていると、「おっ、君はグラマー好きなのか」などと話を大きくしてしまう。いつのまにか「○○君はグラマー好き」などという評判が周囲に広まっていたりする。

このタイプの人の世間話もテレビネタが多い。「私は長谷川京子と同い年」「俺は松田翔太と誕生日が同じ」「○○は、私よりも身長が一センチ低い」など、すべての基準をテレビに出てくる人物に置く。

周囲からすると、その人が芸能人と同い年だろうが、同じ誕生日だろうが、何の意味もなく、何の自慢にもならないと思えるのだが、本人はいたってまじめにそれを口にする。そして、どういうわけか、ほかのことの記憶は曖昧なのに、芸能人の履歴についてはめっぽう詳しい。

このタイプの人は**人気番組の影響を受けやすい**。あちこちの県民特有の食べ物や気質を扱う番組が話題になると、「おまえ、大分県民だったよな、子どものころ、鶏のから揚げばっかり食ってたんだろう」などと言い出す。大分県民はみんな同じような生活をしていると思い込んでいるらしい。

ドラマが流行すると、それを話題にする。**登場人物の口癖を真似る**こともある。「おい、暇かー」などと、人気ドラマの登場人物のマネをして、周囲を白けさせる。「あいつ、あのドラマのあの人物みたいだ」などと、同僚をドラマの人物にたとえたりする。

もちろん、会社で軽いネタとしてそれを使うのならいい。愛嬌の一つといえるだろう。だが、そうしたことを続けていたのでは、周囲にあきれられる。とりわけ、初対面でそれをやったら、たちまちのうちに愚かな人間のレッテルを貼られる。

このような話し方をするのには二タイプいる。

一つは、本当に頭の中がテレビでいっぱいの人だ。近所の人のことよりも、会社の同僚のことよりも、芸能人の日常についてよく知っている。時には、自分の妻や子どもの行動よりも、テレビに出てくる人のことを詳しく知っている。芸能人の誰と誰がつき合っているのか、誰と誰が離婚し、今どのような状況にあるのかを知って、それについて話題にする。若者の間で流行っている言葉を口にする。

もう一つのタイプは、このような話し方をするのが粋《いき》で、若者に受けると信じている場合だ。実際には、それほど芸能人に関心があるわけではない。だから、しばしばセンスが古いこともある。若者にウケるつもりで、今では四〇歳前後のかつてのアイドルの名前を出したりする。美人の例としてあげるのも、本人が学生時代の、今では往年の女優と見なされている人だったりする。

前者は、頭が単純で、テレビのことしか考えておらず、現実社会を真摯に受け止めていない点で愚かしい。現実をしっかりと見据えたうえでテレビも楽しんでいるのであれば、もちろん、それはそれで見事なのだが、このタイプにはそのような人は少ないだろう。

後者は、この程度のネタで他者を引きつけることができると考えている時点で、他者を軽んじている点で愚かしい。

49 ゲーム感覚バカ

まじめに生きることを嫌い、人生を甘く見ることにつながる

ゲームに興じる人が多い。若者だけではない。かなり年配の人でも、電車の中でスマホをいじってゲームをしている人をしばしば見かける。

ゲームそのものが悪いわけではない。ゲームは一つの重要な文化のジャンルであって、文化的にも経済的にも無視できない。そもそもゲーム好きの賢い人はそれこそいくらでもいる。問題はゲームばかりに興じている人たちの生き方や考え方だ。徐々にゲームに興じるがゆえの様々な弊害が表れている。

ゲームにばかり興じている人の最も愚かな点は、**一人きりで悩む孤独な時間を持てない**ことだ。

人間は一人でいる時間があり、じっくり考え、時に悩み、自省することによって成長する。とりわけ、若い頃にどれほど自分に向き合ったか、どれほど失敗し、悔やみ、人生を考えたかによって、その後の成長が決まる。そうすることで自分の能力を知り、自分の欲

望を見つめることができ、社会での生きるすべを身につけていく。

ところが、外でも家でも、一人のときも友達といるときもゲームをしていたのでは、そのために大事な一人の時間を持てない。常に新奇な世界に向き合っていないと気が済まない人間になってしまう。

しかも、ゲームの中の世界は非日常だ。それを日常的に味わっていたのでは、日常が非日常になる。言い換えれば、日常がなくなる。そのような人は本来の淡々とした時間が流れる日常にたえられなくなるだろう。常にゲームを前にして刺激を受けていなければならない状態になってしまう。

それを続けると、そのような人間は、**「まじめ」であることを軽蔑するようになる**だろう。「まじめ」とは、言葉を換えれば、日常を誠実に過ごすことだ。非日常の娯楽にいくら夢中になっても、それはまじめとは言わない。まじめに過ごすことを嫌うようになる。そればかりか、まじめに過ごそうとしている知人を見て、それをバカにするようになる。そうなると、まじめな人間までも愚かな人間の仲間に引きずり込むことになる。

もう一つの大きな問題は、ゲームがヴァーチャル・リアリティであることだ。

よく言われる通り、ゲームに興じるうち、現実と非現実の区別がつかなくなる。映画を見ただけで、自分も映画の主人公のようにビルからビルへと飛び移ることができそうな気がするものだ。ゲームは基本的に主人公と自分が一体になっている。自分ではない俳優が行動している映画の中の物語とは異なり、自分が操作することによってゲームの中の人物が活動をすることが多い。つまりは感情移入の度合いが大きい。

ゲームをするうちに、自分にもゲームの中のと同じようなことができるような気がしてくる。そうなると、**人生を甘く見ることにもつながる。**現実にぶつかってすぐにめげてしまうことにもつながる。

ゲームをすることによって、現実の世界がまるでゲームの中のような気がすることも間違いなくあるだろう。一度失敗しても、リセットしてやり直せるような気がする。人を傷つけても、人を殺しても、また生き返るような気がする。そのようなことが起こるだろう。

そして、よく言われる通り、人と人のつながりが希薄になってしまう。ゲームの中の人間関係のように行動し、ゲームの中でしか恋愛や交流ができず、現実生活が営めなくなる。

50 ゴシップで物事を考えるバカ

社内ゴシップ好きにデキる人はいない

世界中でゴシップ雑誌が売れている。有名人の誰と誰がつき合っていて、誰と誰が結婚したか、仲たがいしたか、誰が破産し、誰が訴訟を起こしたか、あれこれの雑誌に書かれている。テレビのワイドショーもゴシップを扱って視聴率を稼いでいる。それほど人間はゴシップ好きだということだ。

仕事はそっちのけで、ゴシップばかりを話題にする人がいる。それも、雑誌やテレビで見る有名人のゴシップではなく、身近な人々のゴシップだ。

とりわけ女性の間では、組織内での恋愛がゴシップの対象になる。「山内さん、今度はえっちゃんに言い寄り始めたらしいのよ」などといった噂話があちこちで交わされているだろう。

中には他人の恋愛に異常に敏感な人がいて、誰と誰がつき合っているか、誰と誰が憎からず思っているか、誰と誰が別れたかをどういうわけか察知している。言葉の端々や顔の表情などからかぎとったり、どこかから話を聞きつけたりしているのだろう。時にカン違いして、別の人間とつき合っている偽情報を回したり、そこに悪意が交じっていたりすることはあるだろう。

もっと愚かなのは、組織の人間関係に敏感で、仕事にかかわることもゴシップの延長線上にとらえようとする人たちだ。

組織内の恋愛関係ではなく、関心があるのはもっぱら上司たちの人間関係。誰と誰が同じ学閥で、誰と誰が敵対しているか、誰と誰が最近一緒にゴルフに行っているかなどのゴシップを話題にする。

「実は、A課長とB課長は因縁のライバルで、犬猿の仲なんだ」「C係長はB課長の大学の後輩で、よく一緒に飲みに出かけてる」「S部長は奥さんと不仲で、一時期、別居していた」「D係長とF課長の奥さん同士が友だちなので、家族ぐるみのつき合いをしている」。

そんなことを誰よりも知っている。そして、車内で何かが起こるたびに、事情通として、「あの二人は犬猿の仲なので、これからこじれるだろう。きっと課長が仲介に入るに違いない」などといった解説を行う。

それが正しいこともあるが、うがちすぎて間違っていることも多い。新聞や週刊誌の記者ほどには裏どり取材もしていないで、状況証拠やいくつかの噂話を自分なりに組み合わせてストーリーを作っているだけだから、情報自体が間違いであることも多い。そもそも、事件が起こったということ自体、このタイプの人間の思い込みでしかなく、実は何も起こっていなかったということもある。

このタイプの人は、政治力学に関心があり、週刊誌の政治記事を読むときにも、政治理念や政治思想ではなく、権力を得るために誰と誰の利害が一致し、どう手を結ぶかに関心がいく。現実世界でも、同じように考えている。

このタイプの人が愚かなのは、すべてをこのようなゴシップを中心に勘ぐってしまうことだ。

実際にはプロジェクトチームが様々なデータをもとにして出した結論であったとしても、このタイプの人は、「この決定の裏には、課長と係長の密約がある」などと勘ぐってしまう。社内で議論を重ねて出した論理的な結論であっても、このタイプの人はすべてを人間関係に還元してとらえる。誰かの提案が否定されたときも、「課長が係長の昇進を邪魔するために、裏から手をまわした」などと考える。

51 部下や後輩をいじるバカ

いませんか？　人の気にしていることや秘密を大勢の前で暴露する人

本人に悪気はないのだろう。自分があまり物事を気にしない人間なので、他人も気にするはずがないと思い込んでいるのだろう。本人は、軽い気持ちで「いじって」いるつもりなのだろう。そして、そうすることで、相手とかかわりを持ち、良好な人間関係を持ちたいと思っているのだろう。

そんなこんなで、他人が気にしていることをずけずけと口にする上司がいる。部下、とりわけ女性の部下に対して、軽口をたたく。しかも、女性が気にしているようなことをみんなの前で言う。

「若いと思っていたのに、ずいぶんとおばさんになったんだねえ」「ウエストがはち切れそうだよ。六〇キロを超しているんじゃないか」「ますます短足に磨きがかかってきたな。少し足を長く見せる靴くらいはいたらどうだ」などなど。

名前のよく似た人間が芸能界で活躍していたり、オリンピックでメダルを取ったりすると、「一字違いで、えらい違いだねえ」という。

いじられている人間とよい人間関係ができあがっていれば、これは冗談ですますことができる。それに、いじられたほうも、相手が上司だったりすると面と向かって「失礼です」とは言えず、笑ってごまかしたり、「あら、課長ったらまた……」などと言葉を濁したりしているかもしれない。そのために、いじる側も特にそれが問題とは思っていないだろう。

だが、たとえ本人が自分から「最近、おばさんになっちゃって」「ウエストがはち切れそうで、新しいスカートをはくのに苦労したわよ」などと口にしたとしても、自分から言うのと他人に言われるのとでは、まったく意味合いが異なる。きっといじられた側はかなり傷ついているだろう。いじった人間を恨んでいるかもしれない。

中には、下ネタを言わずにはいられない人がいる。「相変わらず、豊かなバストだねえ」などはよいほうで、もっときわどいことを口にする。本人はまじめに忠告しているつもりなのかもしれないが、「今日はいつも以上にスカートが短くて、中が見えそうだよ」「そんなスカートはかれると、俺、そそられちゃって、仕事になんないよ」などとセクハラとみなされることも平気で言ってしまう。

このタイプの人は、ずかずかと他人のプライバシーを口にすることも多い。

たとえば、取引先の人と会食しているときに、一緒にいる同僚を指して、「実は、こいつ、離婚したんですよ。奥さんがこいつに愛想をつかして、男をつくって出ていったんですよ」などと言う。

もちろん、本人がこれをネタにしてふだんから話しているのならいいだろう。それがきっかけになって話が円滑に進むかもしれない。が、このタイプの人は、離婚した本人がひどく傷ついているときでも、そのようなことを口にする。その人にだけ秘密を打ち明けたときにも、それを平気でみんなの前で暴露する。

これも皮肉ではなく、コミュニケーションをとりたくて語っているのだ。そして、おそらく、真正面からほめるのを恥ずかしく思っているのだ。純な気持ちをぐっと隠しながら、相手とコミュニケーションを取る方法として、この方法を得意にしているのだ。だが、これでは周囲は気を悪くする。残念としか言いようがない。

第8章

独断と偏見をつくる非・知的習慣

こだわりが強いと、人は客観的に物事を判断できない。考えが偏り、おかしなことを信じ込んだり、明らかな事実を認めようとしなかったり、失敗するとわかりきっている判断をしたりする。

つまりは、誰が見ても愚かと思えるようなことをしたり考えたりする。しかも、悪いことに、このような人は、こだわりが強いために、ほかの人がいくら意見しても、自分こそが正しいと考えて、いっこうに改めようとしない。それどころか、別の考えの人を強く非難し、攻撃する。

現代社会は価値観が多様化して、様々な考え方が認められている。言い換えれば、一般的な視点から見れば、非常識と思えるようなこだわりを持って、愚かなことをしている人が大勢いるということなのだ。

52 思い込みバカ

自分を束縛しているのは、「自分」への思い込み

日本では宗教の自由が認められている。思想の自由も認められている。だから、どんな信仰を持とうと、何を信じようと、どんな思い込みをしようと、法に反しない限り、はたからどうこう言うべきことではない。理性的な判断を持っている人間からすると、途方もない思い込みだとしても、それを禁じることはできない。

とはいえ、あまりにおかしなものを信じていたのでは、周囲の人はバカだと思う。宗教に限らない。「ダイエットのために……をするべきだ」「……を毎日すると彼（女）ができる」などのジンクスを信じている人も愚かとしか言いようがない。

星占いや血液型などの占いも、そのようなジンクスの一つだ。遊びの一つとみなすのであれば罪はない。「星占いだと、今日、俺、黄色い服を着ると幸福がもたらされるらしいんで、黄色のハンカチを持ってきたよ」などは遊びとしてはおもしろい。

しかし、それを本気にして、「あの人とは占いで相性が悪いので、今度の仕事はキャン

セルしたい」「血液型の相性が悪いので、あの人とはつき合わない」「方角が悪いので、今日はそちらの方向には出かけない」などと言い出したら、どうだろうか。

それは単なる迷信でしかない、迷信は人を幸せにしない。人を束縛し、行動を制限し、様々な場面で人を苦しめる。自由に行動することを許さず、息苦しくしてしまう。

いや、まだこのような普遍的な信心ならまだいい。それが愚かな思い込みであることは誰しもうっすらとは気づいている。血液型や星占いにいかなる科学的な根拠もないことは様々な場所でいわれている。

もっと厄介なのは、個人個人のプライベートな思い込みだ。プライベートな思い込みには二つの対象がある。一つは他者に対する思い込みだが、これについて、「人を見る目に自信があるバカ」の項で扱った。他者を先入観で見てしまって、実態を見ようとしない思い込みだ。だが、重要なのは、第二の対象、すなわち自分自身への思い込みだ。

「私は内気な人間だから、そんな積極的なことはできない」「私はまじめな人間だから、人前に出てでしゃばるようなことはしない」などと思い込んでいる。そのような自分についての思い込みが自由な行動を妨げ、狭苦しい世界に閉じ込めている。

言うまでもないことだが、**「私はこんな人間」と決めつけることは、自分を狭めること**

になる。「自分」というのはこれから自分で徐々に築き上げていくものだ。自分はまだまだほかの要素を持っている。自分で決めてしまうようなそんな狭い存在ではない。

ところが、多くの人が「自分はこんな人間」と思い込むことによって、セルフイメージにがんじがらめになって自由に行動できない。やってみればできることも、自分でできないと思い込んでしまう。そうやって、自分に限界を前もって定めてしまうのは、私に言わせれば愚かなことだ。

自分に限界を定めて改めて何もしようとしない人間は、引っ込み思案になり、消極的になり、弱気になって、周囲からは頼りにならない人間と見なされることになる。

このような人の愚かさに全く気づいていない人も多いかもしれない。だが、「そんなこと自分にできるわけない」と自分で自分の可能性を制限してしまうのは、何よりもったいなく、愚かな行為といえるのではないだろうか。

53

正義の味方バカ

「正義」という名の「個人攻撃」

正義の味方はカッコいい。子どものころ、誰もが正義の味方に憧れる。私にとってのヒーローは鉄腕アトムや月光仮面だったが、少し下の世代ではウルトラマンや仮面ライダーだっただろう。

その影響かもしれない。ネットの中で正義の味方を気取る人々が大勢いる。だが、その人たちは時として愚かになる。

たとえば、女性タレントが外国人を揶揄《やゆ》するような文章をブログに書いたとする。すると、正義の味方を気取る人々が大量に押し寄せて、そのブログに攻撃をしかける。正義は自分にあると信じているので、大きな気持ちになれる。しかも、自分の名前を明かさないので、攻撃的になっても少しも怖くない。

そのタレントは遠まわしに外国人を揶揄するような言葉を用いたのだったが、正義気取りの人々はあらん限りの罵《のの》り《し》の言葉をあからさまに書きつける。時には、そのタレントの過去までほじくりだして、人間性を否定するかのような言辞を並べる。

時には、「逝《い》ってください」「逝ってよし」などという言葉を使う。ネット用語では、これは「死んでください」という意味があるらしい。そうしていながら、自分では正義のつもりでいる。いかに自分が卑劣なことをしているのかに思い至らない。

外国人差別だけではない。タレントが二股交際していたことが話題になっても、このタイプの人は激しく非難する。「世間に向かって謝れ」「恥を知れ」などの言葉を連ねる。

以前、学校でのいじめによる自殺者が出た時、ネットで犯人探しが始まり、加害者とその親たちが攻撃を受けた。親の勤め先とされた場所に非難と謝罪を求める電話が殺到したという。ある病院に勤務する人が加害者と同姓だったために、誤って攻撃を受け、病院は電話が通じず、しばらく患者の受け付けもできなくなった。

このような行為が愚かなのには大きく二つの理由がある。

一つは、このような歪んだ正義の味方は、まさしく不正義そのものだからだ。加害者を攻撃する人々は正義の味方ごっこをしているにすぎない。遊び半分に犯人探しをし、社会正義に便乗して加害者とされる人間を攻撃する。自分だけ安全なところにいて匿名で正義の味方面《づら》をする。しかも、一人ではそれほど過激にならないのに、大勢で攻撃するために、いよいよエスカレートして歯止めがなくなる。

これこそ、まさに多数の側によって少数者を攻撃するいじめにほかならない。正義のつもりなのに、精神の卑劣さのせいで不正義そのものになっているという点で、愚かとしか言いようがない。

第二の理由は、このタイプの人は、尻馬に乗っているだけで、自分でしっかりと判断していない点だ。自分で検証したのでもなく、一時的な情報を自分で集めたのでなく、また自分の価値観でしっかりと検証したのでもなく、ただ「正義」の流れに沿って浮かれているにすぎない。烏合《うごう》の衆であり、まさしく衆愚にほかならない。

54
昔はよかったバカ
「過去」ではなく「現代」を基準に考えよ

何かと「昔はよかった」と言い続ける人がいる。

野球を見ていても、「昔はすごい選手がたくさんいた。王、長嶋、野村、張本、金田、稲尾……みんなすごかった。今の野球選手は小粒になった」。私はクラシック音楽を愛しているが、私の周りでも、「昔の演奏家は素晴らしかった。フルトヴェングラー、カラヤン、バーンスタインは巨匠だった。今の演奏家たちはみんな小粒だ」という言葉をよく聞く。政治の話になっても、「昔の政治家は器《うつわ》が大きかった。佐藤榮作、田中角榮、福田赳夫、中曽根康弘……。それに比べると、今の政治家は粒が小さい」。

確かに政治家については、それはいえるかもしれない。かつては清濁併せ呑むタイプの、まさにスケールの大きな政治家がいたが、今の時代、そのような人は排除される。だから、これは必ずしも嘆かわしいことではない。だが、それ以外については、それは錯覚だ。言うまでもないことだが、昔の人々はスケールが大きく見えるものだ。理由は簡単。スケールの大きな出来事や人しか記憶に残っていないからだ。

個人個人の体格も大きくなり、器具も発達し、教育が整備された現在のほうがスポーツや芸術においては、昔よりずっと全体的なレベルが上がっているだろう。その中で傑出した人は、昔の大物以上にスケールが大きいはずだ。おそらく、あと数十年すれば、現在活躍している人たちも巨大な輝きを持つことになるだろう。

世間話や趣味の世界で「昔はよかった」と言っているだけなら、実害はない。それぞれの世界で過去のノスタルジーに浸ればいい。

ところが、そのような人は、趣味の世界だけではなく、仕事においても同じような傾向を持つ。仕事でも、「昔はよかった」「昔はスケールが大きかった」「昔の人は情に厚かった」と考えて、いつまでも古い思想にこだわる。

「昔、俺に仕事を教えてくれた人たちはみんなすごかった。仕事に取り組む姿勢が、今とは違っていた。会社を大きくしたのは、あの人たちだった」などと懐かしむ。懐かしむだけならいいが、自分でもそのやり方を続けようとする。それどころか、それを部下に強制したりする。

このタイプの人は、今でもアナログ文化を愛し、できるだけＩＴに頼らないようにする傾向がある。そもそも、デジタルであること、物事をビジネスライクに考えることを拒否する。

情を優先させ、部下を連れて飲みに行き、部下に慕われることを好む。飲みについてこようとしない部下を「今の若いやつは情が薄い」などと言って嘆く。

これらの人にとって、実をいえば「昔はよかった」わけではないだろう。単にその人がまだ若く、元気にあふれていた時代がよかったにすぎない。言い換えれば「私が大活躍していたころがよかった。そのころの自分が輝いていた」ということなのだろう。

「昔はよかった」という言葉は、言い換えれば、「私は現代の世の中についていけてません」という告白以外の何物でもない。

いわば自分が現代社会においては愚かな存在であることを自ら証拠立てているに等しい。

55 くよくよバカ

過去を引きずる人は、「これからどうするか」を考えられない

「昔はよかった」という人は、過去を美化して、そこを基準にしてものを考える。それと同じように過去にこだわり、過去を基準に物事を考える人がいる。ただし、ここで扱うのは、過去を美化するのではない。むしろ、過去を悔い、暗い過去に縛られる人だ。

もちろん、過去の大きな過誤、大きな罪については、いつまでも責任を取る必要があるだろう。中には一生をかけて償わなければならない罪もあるかもしれない。また、大事な人を失ってしまった悲しみはいつまでも心にのしかかるだろう。そうしたことも大事に心の中にしまう必要がある。

だが、ほとんどの場合、ほかの人から見るとそれほどのことではないことを心の中にしまって、くよくよとしている人が多い。

この人たちが引きずるのは、他人の言葉であることが多い。先輩のちょっとした言葉遣いの中にトゲを感じて傷つく。その人はどのような気持ちでそう言ったのかをあれこれ考

える。が、考えがまとまらずいつまでもこだわる。そんなことがあったものだから、どんな顔をしてその先輩と会えばよいのかを迷って、その人に会いたくないと思う。

自分の仕事の失敗についても、あれこれ考えてしまう。その時の上司の表情、取引先の担当者の声が忘れられない。「なぜ、あんなことをしてしまったんだろう」「あのとき、ああすればよかった」といつまでも考える。

それを糧にして次の行動に移せばよいのだが、過去にこだわる人はそれができない。しかも、こだわっているだけなら良いのだが、それを口に出さずにはいられない。「なぜ、あんなことをしてしまったんだろう」「あの時、ああすればよかった」と独り言を言う。人に話すこともある。それも一度や二度ではなく、何度も繰り返す。周囲の人はうんざりし、あきれる。それでも過去にこだわるので、それを口にせずにはいられない。

仕事だけではない。男女関係でも、「あの時、あの服を着ていけばよかったのに、わざわざ似合わない服を着ていってしまった。相手はどう思っただろう」などと思う。

このタイプの人の思考は堂々巡りをすることが多い。過去という閉じこもった領域にしか思考が届かないのだから、出口がないのも当然なのだ。

「あの時、あんなことを言ってしまった。ちょっと傷ついた顔をしてた。なぜ、私はあんなことを言ってしまったんだろう。その前にあの人がカラオケのことを話してたので、私もつい調子に乗って言ったのが失敗だった。カラオケといっても、別の歌のことを言えばよかったのに。ああ、あのとき、あんなことを言ってしまった。ちょっと傷ついた顔をしてた。なぜ、私はあんなことを言ってしまったんだろう……」といった具合だ。

賢い人とそうでない人の大きな違いは、これからどうするかを考えられるかどうかだ。

過去については変えようがないが、過去に起こったことを言いつくろったり、うまく口実を言って、周囲の人に別の印象を与えることはできる。あるいは、過去に起こった失敗をむしろプラスに転ずる方法を考えることもできる。過去にこだわっていつまでもくよくよする人は、そのように過去をプラスにする方法を自ら放棄しているに等しい。

これからの行動によっては、いくらでも未来を変えられる。それを考えることこそ、人間の知恵なのだ。

56

人柄で判断するバカ

仕事に「道徳」を持ち込むな

何事であれ、道徳的な判断を優先する人がいる。

もちろん、ある人が道徳的に立派な人物であることは大事なことだ。そして、他者とつき合うとき、それを重視するのも必要なことだ。

人間、誰かと仕事をするとき、最初に問題なのは、その人物が信頼できるかどうかだ。すぐに約束を破ったり、他者を傷つけたり、我をなくして興奮したりするような人物とは行動できない。それゆえ、その人物が道徳的に優れた人物かどうか、不道徳なことをしていないかどうかを見極めるべきだろう。

だが、だからといって、道徳的な人柄ばかりを基準にしていたのでは、知的とはいえない。

このタイプの人は、仕事をするとき、自分の部下であれ、取引先の人間であれ、上司であっても、**何よりも人柄を重視する。**

「あの人はとても優しい人だ」「あの人は心のきれいな人だ」などと他人のことを口にする。「仕事ができる」「何かの分野で優れている」「○○が得意だ」ということではない。「知的だ」「教養がある」といったことでもない。

「人柄がよい」「性格がよい」「親孝行だ」「優しい」といったことを人物評価の基準にする。しかも、その根拠たるや、挨拶をしてくれる、笑顔がかわいい、優しい言葉をかけてくれるといったことでしかない場合が多い。

いや、このような事柄が身の回りの人間だけに限っていれば、それは一つの見識というものだろう。ところが、このタイプの人は、身の回りではなく、見も知らない人までも、このような基準で人を判断する。

たとえばタレントやスポーツ選手なども、人柄で判断する。ワイドショーなどで、その人物の不倫が伝えられたりすると、「あの人は品行が悪い」「あの人は性格が悪い」などと言って、毛嫌いする。芸能人の演技力やスポーツ選手の実績よりも、人柄ばかりを問題にする。

いや、それもまた一つの見識といえるかもしれない。このタイプの人は歴史上の人物さえも人柄で判断する。

たとえば、このタイプの坂本竜馬好きに「竜馬は実はろくでもないやつだった」などと言い出したら、大変なことになる。

もちろん、これが歴史学に関する論争ならわからないでもない。竜馬の歴史的な役割をめぐって、そこにどのような意義があったのかなどを語り合うのならいいだろう。ところが、このタイプの人は、その人物を道徳的にも立派な人と考えて、それに反する意見を排斥する。

テレビドラマで、尊敬する人物が卑劣な人間として描かれていたりすると、激しく憤慨し、ときにはテレビ局に抗議の電話をかけたりする。尊敬する人物は、非の打ちどころのない人格者でなければならないと考えている。

おそらくそのような人は、尊敬する人を美化し、人生の模範と考えているのだろう。子ども向けの偉人伝の中の人物のように考えているといえるかもしれない。そこに少しでも人格者にあるまじき行動が出てくると幻滅してしまう。

57

家にいるつもりバカ

〝電車の中で化粧〟はマナーの問題ではない

考えてみると、**時と場合を考えるということが人間の理性にほかならない。**

他人と話をするのは正常だが、相手がいないのに話をしていたら誰が見ても異常ということになるだろう。盆踊りの会場で踊るのは当然だが、電車の中で同じように踊ったら、異常とされる。夫婦なら自宅寝室でするのが当然であることを人前で行うと、すぐに警察に捕まってしまう。

ところが、それをわきまえない人間がいる。とんでもないところでとんでもないことを平気でする。

そのような中で日常的に見かけるのが、**公的な場所で自分の家にいるかのような態度をとる**人間だ。

かつて電車の中で化粧をする女性が問題視されたことがある。本来、化粧室、すなわちトイレで行うべきことを人前でしているということだ。私自身は今でも大いに気になるが、このくらいは若者に限らず多くの女性がしているので、許容範囲に入るのかもしれない。ところが、もっと大胆なことをするバカが少なくない。

私がこれまで目撃したことがあるのは、電車の中で制服を着替えていた高校生だった。友人らしい人間が取り囲んで周囲からは見えないようにしていたが、明らかに制服を着替えていた。そのほか、電車の中で脇毛の処理をした後、つまようじの長いものを使って歯の掃除をしている女性、電車の座席に鏡を置き、自分は座席の前に座って化粧をしている女性も見たことがある。これはマナー違反という以上に、バカと呼ぶしかないだろう。

かつて私の家にオフィス会社の社員が二人、製品のリースについての打ち合わせに来たが、アシスタントの女子社員が、私の仕事部屋に入るなり、「あっちー」と言いながら勝手にエアコンのリモコンを見つけてスイッチを入れたのには驚いた。しかも、もっとも冷風の当たる場所に陣取り、一人で風を受けている。そこが初めて訪れた客の家であることなどまったく気づいていないかのように、まさしく涼しい顔をしていた。

私はクラシック音楽のコンサートにしばしば足を運ぶが、そこでもまるで自宅にいるかのようにふるまう客を見かける。演奏前の時間には隣の客とおしゃべりをしていたのに、曲が始まった途端、入口で配布されたパンフレットの山を一枚一枚見始めたり、プログラムをぱらぱらめくりながら読み始めたりする。その曲の解説や対訳などを見るのならともかく、目の前で生の音楽が演奏されているのに、それをBGMにして雑誌を読んでいる感覚だ。挙句《あげく》の果てには、隣の人とおしゃべりをしたり、音楽に合わせて鼻歌を歌ったり、指揮のマネをして手を振ったりといった人々がいる。おそらくその人たちは自宅で音楽を聴くときにそうしているのだろう。

現在は技術の発達のために、外にいても自宅にいるのと同じように過ごすことができるようになっている。少し前までは家の中でしかできなかった音楽を聴いたり、電話をしたり、テレビを見たり、ゲームをしたりといった行為を電車の中でも路上でもできる。そのせいだろう。公共の場という意識が薄れてきたようだ。公私の区別がつかなくなり、バカなことをする人間が増えている。

58

完璧主義バカ

チームプレーを乱す、時間がかかる、自分を追い込む…

完璧主義は一般的によいこととされている。

ドラマに出てくる主人公たちはしばしば完璧主義だ。周囲の刑事たちのずさんな捜査に飽き足らず、疑問を抱き、完璧な証拠が見つかるまで調べて真犯人を探し出す……というのが、刑事ドラマの常道だ。サラリーマンものも、同僚たちを困らせながらも、主人公は納得ゆくまで行動して成功していく。

もちろん、警察の捜査であればミスがあってはならないので完璧主義であってほしいが、しかし、一般的な仕事の場合、完璧主義の人間ほど困ったものはない。

完璧主義が愚かであるのは三つの面においてだ。

第一の面は**チームプレーを乱す**ことだ。チームで活動する場合、すべてのメンバーが同じ価値を持つことが義務付けられている。仕事の質と量に凸凹があってはならない。

たとえば、我が家で数年前に家の中の清掃の仕事を依頼したことがある。清掃担当の従業員に一人だけ完璧主義の人がいて、新築当時に戻すほどに徹底的に掃除していく。ほかの人はそれほど完璧ではない。

客のほうは、同じ値段なのに品質にそれほど大きな差があると、不満を抱くことになる。「なぜ、以前はもっときれいだったのに、今回はそれほどではないのか」と思う人も増える。そうこうするうちに、ほかの社員全員に完璧主義者と同じレベルの仕事を求めるようになるだろう。それ以外の人間を「意欲不足」「欠陥社員」とみなすことになるだろう。

第二の面は、**完璧主義は時間がかかる**ことだ。ほかの人が一時間で済むところを二時間かける。そうすると経済効率が悪くなる。足並みもそろわなくなる。ほかの人が終わっているのに、一人だけ仕事を続けていることになる。

完璧主義はチームでする仕事には向かない。完璧主義を目指すのは職人の気質であって、ビジネスマンの求めることではない。ビジネスマンに求められているのは、常に七〇点ほどの出来を続けることだ。そして、ほかの人の足を引っ張らないことだ。完璧主義者はその原則を侵している。完璧主義は一つの自己満足にほかならない。

第三に、**完璧主義は自分を追い込む**。完璧に行うには、途方もない労力が必要だ。試験でも、八〇点を取るのと一〇〇点を取るのとでは、勉強量は圧倒的に異なるだろう。九八点程度は取れても、一〇〇点は難しい。完璧を目指すと、仕事を選ばざるを得なくなる。ほかに大事な仕事ができても、完璧主義のために前の仕事が終わるまで次の仕事にかかれなくなる。

それ以上に、完璧を目指すと、中途半端であることを自分に許さなくなる。自分に厳しくなり、自分にプレッシャーをかけることになる。常に仕事に追われることになる。そうこうするうちに、仕事が間に合わなくなり、仕事のできない人になってしまう。

完璧主義者は、環境に恵まれればよい仕事をする。だが、ほとんどの場合、足並みを乱し、効率を悪くし、チーム全体の力を下げる。

59

身びいきバカ

なぜ、ほかのグループの足を引っ張るのか

優秀な経営者だったのに、無能な息子に継がせて会社を傾かせてしまう……という例はあちこちにある。これなど、身びいきの典型だろう。

人間が身びいきをするのは当然のことだ。自分の身内がかわいいし、身内をそれ以外の人よりも高く評価する。少なくとも、将来を見込んで高く評価したいと思っている。身内の人はほかの人に比べて、気心が知れているので、信用できる。身内で固めて、みんなで繁栄と幸せをもたらしたい。多くの人間がそう思うだろう。

親族に限らない。自分の所属するグループに肩入れする人も多い。それも当然のことだ。所属しているグループは自分の行動によって成り立っている。自分の利害とも直結している。だから、当然のことながら、肩入れする。自分の活動がグループの成功につながるように努力をし、その成果が上がると喜び、再び努力をする気持ちが高まる。そうして生きがいを得ていく。

身びいきの人の中には、サッカーや野球のチームでも、自分の地域を熱狂的に応援する人もいる。極端な人になると自分の仕事を放り出してまで応援に駆けつける。

おそらくこれらの人々はこのような自分の所属によって、自分のアイデンティティを確認し、仲間同士の連帯によって存在を認め合っているのだろう。あまりに熱狂的になるのは考えものだが、このような行為そのものは特に愚かというわけではない。

愚かなのは、身びいきが行きすぎてしまって、セクト主義になってしまう人だ。そのような人を時々見かける。

その傾向のある人は、**自分たちのグループを常に中心に考える**。そして、別のグループに対してライバル意識を持つ。そこまでならまだいい。おそらく、社内にいくつかのグループを作るとき、それぞれの競争意識を持たせることもその一つの目的にしている。問題なのは、それが行きすぎて、**ほかのグループの足を引っ張ろうとする**ことだ。

このタイプの人は、自分たちのグループの行為については無前提に好意的にとらえ、そのチームの発展を祈る。そして、徐々にライバルのグループの失敗を喜び、時に足を引っ張るようになる。同じ社内の別のグループ同士で情報を隠しあい、その不幸を喜ぶようになる。真っ先に考えるのは自分たちのグループの成功ではなく、別のグループの不成功だということになる。

このタイプの人が異動になる。それまでのグループに愛着を持ち、そこを離れるのを嫌い、別のグループに対して憎しみさえも抱いていたはずなのに、ほんの数日で新しいグループの熱心な支持者になることが多い。

少し前まで先頭に立って非難していたのに、そのグループの一員になった途端にその擁護をし、もといたグループを攻撃するようになる。そして、手のひらを返したように、前のグループのメンバーについて中傷をすることもある。

このタイプの人は常に被害者意識を持つ。自分たちはほかのグループより恵まれていないと考える。評価が低い、努力のわりに報われない、不当な差別に遭っている、公平に扱われていない。そのような不満が充満している。

そのような不満があるから、一層結束が強まり、他のグループへの敵対心が高まる。それを口に出して言うことによって、グループ内の結束を一層高めようとする。時にはグループのリーダーに競争意識が薄かったり、ほかのグループの行動を好意的にとらえようとすると、「リーダーは甘い。あの人たちがそんな優しいことを考えるはずがないじゃないですか」と食ってかかる。

60 好奇心を持たないバカ

いくつになっても伸びる人の絶対条件

意欲のない若者、指示待ち若者などといわれる。最近の若者は、自分から何かをしようとせず、ただ言われたことをこなすだけだということだろう。

しかし、もちろんこれは若者に限ったことではない。世の中には、仕事や勉強など自分のしていることに積極的な意欲を持たず、ただ言われることを待つだけの人間が多い。そして、そのような人間は言われたことを的確にこなすこともしないで、いやいやこなすだけになるだろう。そして、いつの間にかバカ扱いされることになる。

大学で教育する立場にいてつくづく思うことがある。**伸びていく若者とそうでない若者の大きな違いは、知的好奇心があるかどうか**ということだ。

たとえば、私は大学の講義でチャップリンの『モダン・タイムス』を見せたことがある。現代社会の状況、チャップリンの思想と芸を見せたかった。知的好奇心を持つ学生は、予告したときから楽しみにし、実際の映画を笑いながら見て、その後もチャップリンの別の映画を見ようとし、当時の状況について質問に来たりする。

ところが、知的好奇心のない人間は、初めから映画を見ようとせず、教室が暗くなった途端に眠る体勢を整える。見ればきっとおもしろがるはずなのに、初めから拒否する。映画が嫌いなわけでもないようだ。チャップリンのこの映画をすでに見たことがあるわけでもない。私のことを特に嫌っているわけでもない（と思う）。ただ、知的好奇心をすべてのことに持たない。ほかの教員に話を聞いてみると、すべての講義にそのような態度をとっているらしい。そんな学生は成績不良によって、そのうち大学を辞めていく。

知的好奇心のある人間は意欲を持ち、人の話をきちんと理解しようとし、それを消化して積極的に自分でものを考え、自分から学ぼうとする。社会に出てからも、だんだんと知識を増やし、仕事を工夫して、責任ある仕事を任されるようになる。当然のことながら、周囲の信頼も得られるようになる。

知的好奇心を持たない人間は何に対しても意欲を持たず、指示をされても自分なりに工夫することもない。いつまでも責任ある仕事を任されず、信頼も得られない。

知的好奇心というのは、何か新しい現象を目の前にしたとき、「なぜそうなっているのか」「背景に何があるのか」「この結果、どんなことが起こるのか」といったことを知ろうとすることだ。そして、それについて新しい説を知ると、もっと詳しく知りたいと思うことだ。その好奇心が原動力になり、物事を解明したり、新しい方法を見つけ出したり、自分で工夫したりする。

知的好奇心のない人間は、すべてのことを、変えようのない運命と思って受け取る。「ここをこうすればよくなるのに」と思えば、工夫のしがいがあり、生きがいも生まれ、自分も楽になるのに、そこに乗りだそうとしない。知的好奇心がないので、それを思いつかない。「仕方がない」「自分が我慢すればそれですむ」と思ってしまう。人生は耐え忍ぶものになり、他者から指示によって動くことが働くことになってしまう。つまりは、ずっと愚か者として扱われることになってしまう。

私はすべての人間に知的好奇心があると考えている。サスペンスドラマを見ると、誰でも犯人は誰なのか、動機や殺害方法を知りたくなる。知り合い同士の恋を知ると、その後どうなったのか、なぜそのようになったのかを探りたくなる。すべての領域に好奇心は持たないにしても、関心のある領域についてはは好奇心を持っている。

自分が好奇心を発揮できる領域を見つけ、そこでの仕事をして、好奇心を持つように知識を増やすことが、知的好奇心のない人間から脱出する方法だろう。

おわりに

人間は、生きていこうとする限り愚かさから逃れられない。生きるということは、愚かさを発揮することだ。愚かなことをしないで生きていくことは難しい。だが、できるだけ愚かさを脱し、少なくともバカに見えないようにはなりたい。そして、できるだけ知的に賢く生きていきたい。私自身のそのような思いをこめて、私は本書を書いた。多くの人に本書の趣旨と内容を理解していただけることを祈りたい。

最後に一つ、お詫びしておきたいことがある。

本書のそれぞれの項目にはモデルがいる。私はその人たちの言動を思い出しながら書いた。

だが、誤解しないでいただきたい。私はその方々を決して愚かな人物だと考えているわけではない。その方々の言動の中にバカに見える要素があることを語ったにすぎない。

モデルとなったのは、両親であったり妻子であったり、尊敬する知人であったりする。もちろん、私自身もモデルの一人だ。この場を借りて、本書のモデルにさせてもらった方々に感謝申し上げる。また、勝手にモデルにしてしまったことに関してお詫び申し上げる。

なお、本書執筆にあたって青春出版社プライム涌光編集部の野島純子さんに大変お世話になった。本書を書き上げることができたのはひとえに野島さんのおかげだ。最後になったが、感謝の気持ちをささげたい。

樋口　裕一

青春新書
INTELLIGENCE

こころ涌き立つ「知」の冒険

いまを生きる

〝青春新書〟は昭和三一年に――若い日に常にあなたの心の友として、その糧となり実になる多様な知恵が、生きる指標として勇気と力になり、すぐに役立つ――をモットーに創刊された。

そして昭和三八年、新しい時代の気運の中で、新書〝プレイブックス〟にその役目のバトンを渡した。「人生を自由自在に活動《プレイ》する」のキャッチコピーのもと――すべてのうっ積を吹きとばし、自由闊達な活動力を培養し、勇気と自信を生み出す最も楽しいシリーズ――となった。

いまや、私たちはバブル経済崩壊後の混沌とした価値観のただ中にいる。その価値観は常に未曾有の変貌を見せ、社会は少子高齢化し、地球規模の環境問題等は解決の兆しを見せない。私たちはあらゆる不安と懐疑に対峙している。

本シリーズ〝青春新書インテリジェンス〟はまさに、この時代の欲求によってプレイブックスから分化・刊行された。それは即ち、「心の中に自らの青春の輝きを失わない旺盛な知力、活力への欲求」に他ならない。応えるべきキャッチコピーは「こころ涌き立つ〝知〟の冒険」である。

予測のつかない時代にあって、一人ひとりの足元を照らし出すシリーズでありたいと願う。青春出版社は本年創業五〇周年を迎えた。これはひとえに長年に亘る多くの読者の熱いご支持の賜物である。社員一同深く感謝し、より一層世の中に希望と勇気の明るい光を放つ書籍を出版すべく、鋭意志すものである。

平成一七年

刊行者　小澤源太郎

著者紹介

樋口裕一〈ひぐち　ゆういち〉

1951年大分県生まれ。早稲田大学第一文学部卒業後、立教大学大学院博士課程満期退学。仏文学、アフリカ文学の翻訳家として活動するかたわら、受験小論文指導の第一人者として活躍。通信添削による作文、小論文専門塾「白藍塾」塾長として小学生から社会人まで幅広い層の文章指導を行っている。多摩大学経営情報学部教授。著書に、250万部の大ベストセラーとなった『頭がいい人、悪い人の話し方』(PHP新書)ほか、『ホンモノの思考力』(集英社新書)、『バカに見える日本語』(小社刊)など多数ある。

バカに見《み》える人《ひと》の習慣《しゅうかん》

青春新書
INTELLIGENCE

2015年11月15日　第1刷

著者　樋《ひ》口《ぐち》裕《ゆう》一《いち》

発行者　小澤源太郎

責任編集　株式会社プライム涌光

電話　編集部　03(3203)2850

発行所　東京都新宿区若松町12番1号　〒162-0056　株式会社青春出版社

電話　営業部　03(3207)1916　振替番号　00190-7-98602

印刷・中央精版印刷　製本・ナショナル製本

ISBN978-4-413-04469-1